Verordnung zur Einführung der Moselschiffahrtspolizeiverordnung (MoselSchPEV) 1997

Moselschifffahrtspolizeiverordnung (MoselSchPV) 1997

Stand: 01.01.2022

Bibliografische Information der Deutschen Nationalbibliothek: Die Deutsche Nationalbibliothek verzeichnet diese Publikation in der Deutschen Nationalbibliografie; detaillierte bibliografische Daten sind im Internet über http://dnb.dnb.de abrufbar.

Verlag: bad project, Mannheim (www.bad-project.de)

ISBN: 978-3-949294-49-5

Inhalt

Verordnung zur Einführung der Moselschiffahrtspolizeiverordnung (MoselSchPEV)

1997

Eingangsformel

Auf Grund

- des § 3 Abs. 1 Nr. 1 bis 5 und 8 des Binnenschiffahrtsaufgabengesetzes in der Fassung der Bekanntmachung vom 4. August 1986 (BGBl. I S. 1270) und des § 3e Abs. 1 Satz 1 des Binnenschiffahrtsaufgabengesetzes, der durch Artikel 5 Nr. 3 des Gesetzes vom 13. August 1993 (BGBl. I S. 1489) geändert worden ist, und auf Grund des § 27 Abs. 1 und des § 46 Satz 1 Nr. 1 des Bundeswasserstraßengesetzes in der Fassung der Bekanntmachung vom 23. August 1990 (BGBl. I S. 1818) verordnet das Bundesministerium für Verkehr,

- des § 3 Abs. 5 Satz 1 und des § 3e Abs. 1 Satz 2 Nr. 1 des Binnenschiffahrtsaufgabengesetzes in Verbindung mit Artikel 56 des Zuständigkeitsanpassungs-Gesetzes vom 18. März 1975 (BGBl. I S. 705) und dem Organisationserlaß des Bundeskanzlers vom 5. Juni 1986 (BGBl. I S. 864) verordnet das Bundesministerium für Verkehr gemeinsam mit dem Bundesministerium für Umwelt, Naturschutz und Reaktorsicherheit,

- des § 3 Abs. 5 Satz 2, der gemäß Artikel 66 Nr. 1 der Verordnung vom 26. Februar 1993 (BGBl. I S. 278) insoweit geändert worden ist, und des § 3e Abs. 1 Satz 2 Nr. 2 des Binnenschiffahrtsaufgabengesetzes verordnet das Bundesministerium für Verkehr im Einvernehmen mit dem Bundesministerium für Arbeit und Sozialordnung,

- des § 3 Abs. 5 Satz 4, der gemäß Artikel 66 Nr. 2 der Verordnung vom 26. Februar 1993 (BGBl. I S. 278) insoweit geändert worden ist, und des § 3e Abs. 1 Satz 2 Nr. 2 des Binnenschiffahrtsaufgabengesetzes verordnet das Bundesministerium für Verkehr im Einvernehmen mit dem Bundesministerium für Post und Telekommunikation:

§ 1 Anwendungsbereich

(1) Die von der Moselkommission in Trier am 8. März 1995, 15. November 1995 sowie 13. und 29. November 1996 beschlossene Moselschiffahrtspolizeiverordnung wird auf der Bundeswasserstraße Mosel in Kraft gesetzt. Die Moselschiffahrtspolizeiverordnung wird als Anlage zu dieser Verordnung veröffentlicht.

(2) Das "Handbuch Binnenschiffahrtsfunk" im Sinne des § 1.10 Nr. 1 Satz 1 Buchstabe m und des § 4.05 Nummer 1 Satz 1 der Anlage ist das von der Zentralkommission für die Rheinschiffahrt in Straßburg am 25. April 1996 beschlossene und dort niedergelegte Handbuch Binnenschiffahrtsfunk in der jeweils geltenden Fassung. Das Bundesministerium für Verkehr und digitale Infrastruktur gibt den aktuellen Stand des Handbuches im Verkehrsblatt bekannt.

(3) Kilometerangaben für einzelne Moselstrecken (Kapitel 8 bis 10 der Anlage) haben folgende Bedeutung: Der Kilometerendpunkt schließt die jeweilige Kilometerangabe ein und der Kilometeranfangspunkt die jeweilige Kilometerangabe aus.

§ 1a (weggefallen)

§ 1a Vorschriften über die Schiffsuntersuchung

§ 1.08 Nummer 3 Satzteil vor Buchstabe a und Buchstabe a, § 1.10 Nummer 1 Buchstabe x und Nummer 2 Satz 7, § 1.21 Nummer 4 und § 4.07 Nummer 1 Satz 2 Buchstabe b zweiter Spiegelstrich der Moselschifffahrtspolizeiverordnung – Anlage zu dieser Verordnung – sowie die nach Artikel 2 Absatz 2 erlassenen Rechtsverordnungen sind mit der Maßgabe anzuwenden, dass sich die Angabe „Rheinschiffsuntersuchungsordnung“ auf die in § 1 Absatz 8 der Binnenschiffsuntersuchungsordnung vom 21. September 2018 (BGBl. I S. 1398, 2032), die durch Artikel 7 der Verordnung vom 31. Oktober 2019 (BGBl. I S. 1518) geändert worden ist, bezeichneten Vorschriften in der jeweils geltenden und anzuwendenden Fassung bezieht.

§ 2 Zuständige Behörden

(1) Zuständige Behörde im Sinne der Anlage ist, soweit in den Absätzen 3 bis 8 nichts anderes bestimmt ist, die Generaldirektion Wasserstraßen und Schifffahrt als Strom- und Schiffahrtspolizeibehörde. Diese kann die Regelung örtlicher Verhältnisse ihren nachgeordneten Stellen übertragen.

(2) Die Generaldirektion Wasserstraßen und Schifffahrt wird ermächtigt, durch Rechtsverordnung

1. zur Umsetzung einer Anordnung der Moselkommission nach § 1.22a der Anlage

   a) in dringenden Fällen oder

   b) zu Versuchszwecken oder zur Zulassung einer technischen Neuerung, durch die jeweils die Sicherheit und Leichtigkeit des Schiffsverkehrs nicht beeinträchtigt werden, eine von der Anlage abweichende Regelung vorübergehend bis zur Dauer von drei Jahren zu treffen oder

2. für öffentliche Zwecke Ausnahmen von § 10.02 Nummer 3 der Anlage zu bestimmen. Soweit es einer Abweichung im Sinne des Satzes 1 Nummer 1 oder einer Ausnahme im Sinne des Satzes 1 Nummer 2 nur im Einzelfall bedarf, kann diese durch Verwaltungsakt zugelassen werden.

(3) Zuständige Behörde für die Zulassung von Baumustern der Radargeräte, der Geräte zur Anzeige der Wendegeschwindigkeit und der Inland ECDIS Geräte nach § 4.06 Nr. 1 Buchstabe a der Anlage ist die die vom Bundesministerium für Verkehr und digitale Infrastruktur im Verkehrsblatt oder Bundesanzeiger bekanntgemachte Stelle.

(4) Zuständige Behörde im Sinne des § 1.10 Nummer 4 der Anlage, deren § 1.12 Nr. 3 und 4, § 1.13 Nr. 2 und 3, §§ 1.14, 1.15 Nr. 2, § 1.17 Nr. 1 Satz 1, Nr. 2, § 1.18 Nr. 4, § 1.19 Satz 1, §§ 1.20 und 11.03 Nummer 3 sind neben der Generaldirektion Wasserstraßen und Schifffahrt auch deren nachgeordnete Stellen und nach Maßgabe der nach § 1 Abs. 1 Nr. 2 Halbsatz 2 des

Binnenschiffahrtsaufgabengesetzes geschlossenen Vereinbarungen mit den Ländern die Polizeikräfte der Länder.

(5) Zuständige Behörde im Sinne des § 1.07 Nr. 5 der Anlage, deren § 11.05 Nr. 1, für die Anbringung der Einsenkungsmarken nach deren § 2.04 Nr. 1 und der Tiefgangsanzeiger nach deren § 2.04 Nr. 2 ist die Generaldirektion Wasserstraßen und Schifffahrt.

(6) Zuständige Behörde für die Zulassung von Baumustern von Signalleuchten nach § 3.02 Nr. 2 der Anlage ist das Bundesamt für Seeschiffahrt und Hydrographie.

(7) Zuständige Behörde für die Entgegennahme der Meldungen nach § 9.05 Nummer 3 Satz 1 der Anlage ist die Revierzentrale der Generaldirektion Wasserstraßen und Schifffahrt in Oberwesel.

(8) Zuständige Behörde für die Zulassung einer Annahmestelle nach § 11.05 Nummer 2 Satz 1 der Anlage ist die nach Landesrecht bestimmte Behörde.

(9) Liegen die Voraussetzungen des § 48 oder des § 49 des Verwaltungsverfahrensgesetzes vor, kann die zuständige Behörde eine Erlaubnis nach der Anlage auch nachträglich befristen und mit Auflagen versehen.

§ 3 Fahrzeuge des öffentlichen Dienstes

Fahrzeuge der Wasserstraßen- und Schifffahrtsverwaltung des Bundes, der Wasserschutzpolizei, der Bereitschaftspolizei, der Bundespolizei, der Streitkräfte, des Zolldienstes, der Feuerwehr, des Zivil- und Katastrophenschutzes sowie der Wasserwirtschaftsverwaltungen sind von den Vorschriften der Anlage befreit, soweit dies zur Erfüllung hoheitlicher Aufgaben unter Berücksichtigung der öffentlichen Sicherheit und Ordnung dringend geboten ist.

§ 4 Ordnungswidrigkeiten nach dem Binnenschiffahrtsaufgabengesetz

(1) Ordnungswidrig im Sinne des § 7 Abs. 1 des Binnenschiffahrtsaufgabengesetzes handelt, wer vorsätzlich oder fahrlässig

1. einer vollziehbaren Auflage nach § 1.21 Nr. 1 Satz 3, § 1.27 oder § 7.01 Nr. 3 der Moselschiffahrtspolizeiverordnung, auch in Verbindung mit Artikel 2 Abs. 9, oder

2. einer mit einer Erlaubnis nach § 1.23 Satz 1, § 3.28, § 3.29 Nr. 2 Satz 1 Buchstabe b, § 6.19 Nr. 1, § 6.28 Nr. 8 Satz 3, § 8.05 oder § 9.01 Satz 4 der Moselschiffahrtspolizeiverordnung, auch in Verbindung mit Artikel 2 Abs. 9, verbundenen vollziehbaren Auflage zuwiderhandelt.

(2) Ordnungswidrig im Sinne des § 7 Abs. 1 des Binnenschiffahrtsaufgabengesetzes handelt, wer gegen eine Vorschrift der Moselschiffahrtspolizeiverordnung verstößt, indem er vorsätzlich oder fahrlässig

1. entgegen § 1.02 Nr. 1 Satz 1 ein Fahrzeug oder einen Schwimmkörper oder entgegen § 1.02 Nr. 2 Satz 1 einen Verband führt, ohne hierfür geeignet zu sein,

2. entgegen § 1.03 Nr. 2 eine Anweisung des Schiffsführers nicht befolgt,

3. entgegen § 1.03 Nr. 4 Satz 2 vorübergehend den Kurs oder die Geschwindigkeit eines Fahrzeugs bestimmt, obwohl sich eine Menge von 0,25 mg/l oder mehr Alkohol in der Atemluft oder eine Blutalkoholkonzentration von 0,5 oder mehr Promille oder eine Alkoholmenge, die zu einer solchen Atem- oder Blutalkoholkonzentration führt, im Körper befindet,

3a. entgegen § 1.08 Nummer 6 Satz 1 in den dort genannten Fällen keine Rettungsweste trägt,

3b. entgegen § 1.08 Nummer 6 Satz 2 Außenbordarbeiten durchführt, obwohl das Schiff nicht stillliegt oder zu erwarten ist, dass die Arbeiten durch den übrigen Schiffsverkehr gefährdet werden,

4. entgegen § 1.09 Nr. 3 Satz 1 nicht in der Lage ist, alle Weisungen oder Informationen zu geben oder zu empfangen,

5. entgegen § 1.13 Nr. 1 Schiffahrtszeichen zum Festmachen oder Verholen benutzt, beschädigt oder unbrauchbar macht,

6. entgegen § 1.15 Nr. 1 feste Gegenstände oder andere Stoffe in die Wasserstraße einbringt oder einleitet,

7. entgegen § 1.16 Nr. 3 Satz 1 nicht die dort genannten Feststellungen ermöglicht,

8. ohne Erlaubnis nach § 1.23 eine dort genannte Veranstaltung, Arbeit oder Übung durchführt oder durchführen läßt,

9. entgegen § 3.29 Nr. 2 Satz 1 von der Bezeichnung nach § 3.29 Nr. 1 Gebrauch macht,

10. entgegen § 4.01 Nr. 3 Schallzeichen von einem Fahrzeug gibt, auf dem sich der Führer des Schleppverbandes nicht befindet,

11. entgegen § 6.17 Nr. 3 Satz 1 an einem Fahrzeug oder Schwimmkörper in Fahrt anlegt, sich daran anhängt oder im Sogwasser mitfährt, 12. entgegen § 6.17 Nr. 4 nicht ausreichenden Abstand hält,

12a. entgegen § 6.22 Nr. 4 eine gesperrte Wasserfläche benutzt,

13. entgegen § 11.03 Nummer 1 öl- oder fetthaltigen Schiffsbetriebsabfall, Slops, Hausmüll, Klärschlamm oder übrigen Sonderabfall, Teile der Ladung oder Abfälle aus dem Ladungsbereich in die Wasserstraße einbringt oder einleitet,

14. entgegen § 11.04 Nummer 2 Buchstabe a, b oder c Satz 1 an Deck gestaute lose Behälter als Altölsammelbehälter verwendet, Abfälle an Bord verbrennt oder öl- oder fettlösende oder emulgierende Reinigungsmittel in die Maschinenraumbilgen einbringt oder

15. entgegen § 11.09 die Außenhaut des Fahrzeugs mit Öl anstreicht oder mit einem dort genannten Mittel reinigt.

(3) Ordnungswidrig im Sinne des § 7 Abs. 1 des Binnenschiffahrtsaufgabengesetzes handelt, wer gegen eine Vorschrift der Moselschiffahrtspolizeiverordnung verstößt, indem er vorsätzlich oder fahrlässig als Schiffsführer oder nach § 1.03 Nr. 3 für Kurs und Geschwindigkeit verantwortliche Person

1. entgegen § 1.06 ein Fahrzeug oder einen Verband führt, dessen Geschwindigkeit nicht den Gegebenheiten der Wasserstraße oder der Anlagen angepaßt ist,

2. ein Fahrzeug führt, das entgegen § 1.07 Nr. 1 Satz 1 tiefer als bis zur Unterkante der Einsenkungsmarken abgeladen oder auf dem entgegen § 1.07 Nummer 2 Satz 1, auch in Verbindung mit Satz 3, die vorgeschriebene Sicht eingeschränkt ist,

3. eine Kanalpeniche führt, die entgegen § 1.07 Nr. 1 Satz 2 tiefer als dort zugelassen abgeladen ist,

4. entgegen § 1.07 Nr. 5 ein Fahrzeug führt, das mehr Fahrgäste als zugelassen an Bord hat,

5. ein Fahrzeug führt, auf dem entgegen § 1.09 Nr. 4 ein Ausguck oder Horchposten nicht aufgestellt ist,

6. entgegen § 3.01 Nr. 2 Lichter nicht zusätzlich setzt,

7. entgegen § 3.05 Nr. 1 andere Lichter oder Sichtzeichen gebraucht oder sie unter Umständen gebraucht, für die sie nicht vorgeschrieben oder zugelassen sind,

8. einer Vorschrift des § 3.07 über den Gebrauch von Lichtern, Scheinwerfern, Flaggen, Tafeln, Wimpeln oder anderen Gegenständen zuwiderhandelt,

9. ein Fahrzeug, einen Verband, einen Schwimmkörper oder eine schwimmende Anlage

a) bei Nacht während der Fahrt entgegen § 3.08 Nr. 1 oder 2, § 3.09 Nr. 1 Buchstabe a oder b, Nr. 2 bis 4, § 3.10 Nr. 1 bis 3, §

3.11 Nr. 1, § 3.12 Nr. 1, § 3.13 Nr. 1, 2, 3 Satz 1, Nr. 4 oder 5, § 3.14 Nr. 1 bis 6 oder 8, § 3.16, § 3.18 Satz 1 oder § 3.19 oder

b) bei Tag während der Fahrt entgegen § 3.09 Nr. 1 bis 3, § 3.10 Nr. 4, § 3.13 Nr. 6, § 3.14 Nr. 1 bis 6, § 3.15, § 3.17 oder § 3.18 Satz 1 nicht bezeichnet,

10. Schallzeichen mit anderen als den nach § 4.01 Nr. 1 vorgeschriebenen Geräten gibt,

11. entgegen § 4.01 Nr. 2 Satz 1 mit den Schallzeichen nicht gleichzeitig die vorgeschriebenen Lichtzeichen gibt,

12. entgegen § 4.01 Nr. 4 Satz 1 oder § 4.02 Nr. 1 in Verbindung mit Anlage 6 der Anlage Schallzeichen nicht gibt,

13. entgegen § 4.03 Nr. 1 Schallzeichen gebraucht,

14. entgegen § 4.05 Nummer 1 Satz 2 bis 4 nicht die vorgeschriebene Sprache benutzt,

15. entgegen § 4.05 Nummer 2 Satz 2 in Verbindung mit Satz 3 oder Nummer 3 Satz 2 in Verbindung mit Satz 3 und auch in Verbindung mit Satz 4 die Sprechfunkanlage nicht ständig sende- oder empfangsbereit geschaltet hat,

15a. entgegen § 4.05 Nummer 4 Satz 1 sich nicht über Sprechfunk meldet,

15b. entgegen § 4.05 Nummer 4 Satz 2 nicht oder nicht rechtzeitig auf dem zugewiesenen Kanal die für die Sicherheit der Schifffahrt notwendigen Nachrichten gibt,

15c. entgegen § 4.05 Nummer 5 Sprechfunk nicht benutzt,

16. entgegen § 4.06 Nummer 1, auch in Verbindung mit Nummer 3, Radar benutzt,

16a. entgegen § 4.07 Nummer 2 Buchstabe a ein Inland AIS Gerät nicht einschaltet oder nicht eingeschaltet lässt,

16b. entgegen § 4.07 Nummer 2 Buchstabe b erster Halbsatz ein Inland AIS Gerät nutzt, das nicht mit maximaler Leistung sendet,

16c. entgegen § 4.07 Nummer 2 Buchstabe c mehr als ein Inland AIS Gerät im Sendebetrieb nutzt,

16d. entgegen § 4.07 Nummer 2 Buchstabe d oder Nummer 6 Satz 3 ein Inland AIS Gerät nutzt, in dem die eingegebenen Daten nicht den tatsächlichen Daten des Fahrzeugs oder Verbands entsprechen,

16e. entgegen § 4.07 Nummer 3 Satz 1 ein dort genanntes Inland ECDIS Gerät nicht nutzt,

17. entgegen § 5.01 Nr. 2 in Verbindung mit Nr. 1 eine Anordnung nicht befolgt,

18. entgegen § 6.01 ein Fahrzeug unter Segel führt,

19. einer Vorschrift über

a) die Fahrregeln für Kleinfahrzeuge nach § 6.02 Nr. 1 erster Halbsatz, § 6.02a Nr. 1 bis 3, 4 Satz 1 oder 2, Nummer 5, 6 oder Nummer 7 Satz 1 oder 2,

b) das Verhalten oder die Zeichengebung beim Begegnen nach § 6.03, § 6.04, § 6.05 Nr. 1 Satz 2, Nr. 2 bis 4, § 6.07 oder § 6.08 Nummer 1 Satz 1 oder Satz 3 oder beim Überholen nach § 6.03, § 6.09, § 6.10 Nr. 2 bis 5 oder § 6.11 Buchstabe a oder b Satz 1,

c) die Fahrt auf Strecken mit vorgeschriebenem Kurs nach § 6.12,

d) das Verhalten oder die Zeichengebung beim Wenden nach § 6.13 Nr. 1 bis 4 Satz 1 oder bei der Abfahrt vom Liege- oder Ankerplatz nach § 6.14,

e) das Verhalten oder die Zeichengebung beim Überqueren der Hauptwasserstraße oder bei der Einfahrt in oder Ausfahrt aus Häfen und Nebenwasserstraßen nach § 6.16 Nr. 1 Satz 1 oder 2, Nr. 2 oder 3,

f) das Verhalten zur Vermeidung von gefährdendem Wellenschlag oder Sogwirkung nach § 6.20 Nr. 1 oder 3,

g) die Vorbeifahrt an schwimmenden Geräten bei der Arbeit oder an festgefahrenen oder gesunkenen Fahrzeugen nach § 6.22a,

h) den Betrieb, das Liegen oder den Aufenthalt von Fähren im Fahrwasser nach § 6.23,

i) die Durchfahrt oder das Verhalten beim Durchfahren von Brücken, Wehren, Bootsschleusen oder -gassen nach § 6.24 Nr. 1 oder 2 Buchstabe a, § 6.25 Nr. 1 oder 2 Satz 2 zweiter Halbsatz, § 6.26 Nr. 1 Satz 1, Nr. 2 bis 5 Satz 2 oder Nr. 6 oder § 6.27,

j) das Verhalten beim Durchfahren der Schleusenvorhäfen oder Schleusen oder des Schleusenbereiches nach § 6.28 Nummer 2 bis 4 Satz 1, Nummer 5 bis 7, Nummer 8 Satz 3 bis 6, Nummer 9 Satz 1, Nummer 10 Satz 4, Nummer 11 oder Nummer 13 Satz 2, § 6.28a Nummer 1 Satz 2 Buchstabe a bis c, Nummer 2 Buchstabe a oder Nummer 4, § 6.29 Nummer 1 Buchstabe b Satz 2 oder Satz 3 oder § 9.03 Nummer 2 bis 4,

k) die Fahrt bei unsichtigem Wetter nach § 6.30 Nr. 1 bis 5, § 6.31 Nr. 1 oder 2 oder § 6.33,

l) die Benutzung von Sprechfunk auf Schubverbänden oder Fahrzeugen mit einer Länge von mehr als 110,00 m nach § 8.07 Nummer 2 oder auf Schubverbänden nach § 9.04 Nummer 2,

m) Sprechverbindungen auf Verbänden nach § 8.07 Nummer 3, 5 oder Nummer 6, jeweils auch in Verbindung mit Nummer 7,

n) Sprechverbindungen auf Fahrzeugen mit einer Länge von mehr als 110,00 m nach § 8.07 Nummer 4, auch in Verbindung mit Nummer 7, oder

o) die Schiffahrt bei Hochwasser nach § 10.02 Nr. 1 Buchstabe a Satz 1 oder 2, Buchstabe b bis e, Nr. 2 oder 3 Satz 1 oder 2 zuwiderhandelt,

20. entgegen § 6.15 in die Abstände zwischen Teilen eines Schleppverbandes hineinfährt,

21. entgegen § 6.17 Nr. 1 mit einem anderen Fahrzeug auf gleicher Höhe fährt oder entgegen § 6.17 Nr. 2 näher als dort zugelassen an ein Fahrzeug oder einen Verband heranfährt,

22. entgegen § 6.18 Nr. 1 oder 2 zweiter Halbsatz Anker, Trossen oder Ketten schleifen läßt,

23. entgegen § 6.19 Nr. 1 das Fahrzeug treiben läßt,

24. entgegen § 6.22 Nr. 1, auch in Verbindung mit Nr. 3 vor dem Verbotszeichen nicht anhält,

24a. entgegen § 6.22 Nr. 2, auch in Verbindung mit Nr. 3, eine gesperrte Wasserfläche befährt oder

25. entgegen § 8.01a die zugelassene Fahrgeschwindigkeit überschreitet.

(4) Ordnungswidrig im Sinne des § 7 Abs. 1 des Binnenschiffahrtsaufgabengesetzes handelt, wer gegen eine Vorschrift der Moselschiffahrtspolizeiverordnung verstößt, indem er vorsätzlich oder fahrlässig als Schiffsführer

1. entgegen § 1.02 Nr. 4 während der Fahrt oder des Betriebes nicht an Bord ist,

2. entgegen § 1.02 Nr. 5 Satz 3 erster Halbsatz, auch in Verbindung mit Satz 4, eine Anweisung des Schiffsführers des Verbandes nicht befolgt,

3. entgegen § 1.02 Nummer 7 Satz 2 ein Fahrzeug führt, obwohl er eine Menge von 0,25 mg/l oder mehr Alkohol in der Atemluft oder eine Blutalkoholkonzentration von 0,5 oder mehr Promille oder eine Alkoholmenge, die zu einer solchen Atem- oder Blutalkoholkonzentration führt, im Körper hat,

4. anordnet oder zulässt, dass entgegen § 1.03 Nummer 4 Satz 2 jemand vorübergehend den Kurs oder die Geschwindigkeit des Fahrzeugs bestimmt, obwohl er eine Menge von 0,25 mg/l oder mehr Alkohol in der Atemluft oder eine Blutalkoholkonzentration von 0,5 oder mehr Promille oder eine Alkoholmenge im Körper hat, die zu einer solchen Atem- oder Blutalkoholkonzentration führt,

5. entgegen § 1.04 Buchstabe a bis c die gebotenen Vorsichtsmaßregeln nicht trifft und dadurch das Leben eines anderen gefährdet, ein Fahrzeug, einen Schwimmkörper, das Ufer,

ein Regelungsbauwerk oder eine dort genannte Anlage beschädigt oder die Schiffahrt behindert,

6. entgegen § 1.06 ein Fahrzeug oder einen Verband führt, dessen Länge, Breite, Höhe, Tiefgang oder Beladung nicht den Gegebenheiten der Wasserstraße oder der Anlagen angepaßt ist,

7. ein Fahrzeug führt, dessen Ladung entgegen § 1.07 Nummer 3 die Stabilität des Fahrzeugs oder die Festigkeit des Schiffskörpers gefährdet,

7a. entgegen § 1.07 Nummer 4 Satz 1 die Stabilität eines Fahrzeugs, das Container befördert, nicht jederzeit gewährleistet,

7b. entgegen § 1.07 Nummer 4 Satz 2 nicht nachweist, dass vor Beginn des Ladens oder Löschens oder vor Fahrtantritt eines Fahrzeugs, das Container befördert, eine Stabilitätsprüfung durchgeführt wurde,

7c. entgegen § 1.07 Nummer 4 Satz 4 das Ergebnis der Stabilitätsprüfung oder den aktuellen Stauplan nicht an Bord eines Fahrzeugs, das Container befördert, mitführt oder auf Verlangen lesbar macht,

7d. entgegen § 1.07 Nummer 4 Satz 5 die dort genannten Stabilitätsunterlagen nicht mitführt,

7e. ein Fahrgastschiff führt, obwohl die nach § 1.08 Nummer 4 vorgeschriebenen Einzelrettungsmittel nicht in ausreichender Anzahl oder nicht in der vorgeschriebenen Art an Bord vorhanden sind,

7f. der Vorschrift des § 1.08 Nummer 5 über das Öffnen, Entfernen oder Setzen von Geländern zuwiderhandelt,

8. nicht dafür sorgt, daß das Ruder mit einer nach § 1.09 Nr. 1 vorgeschriebenen Person besetzt ist,

9. nicht sicherstellt, daß die in § 1.10 Nr. 1 oder 3 Satz 2 genannten Urkunden oder sonstigen Unterlagen an Bord mitgeführt werden, oder entgegen § 1.10 Nr. 4 eine Urkunde oder sonstige Unterlage nicht oder nicht rechtzeitig aushändigt,

10. ein Fahrzeug führt, auf dem sich entgegen § 1.11 ein Abdruck der dort genannten Verordnungen nicht an Bord befindet,

11. ein Fahrzeug, einen Schwimmkörper oder eine schwimmende Anlage führt, auf denen entgegen § 1.12 Nr. 1 ein Gegenstand über die Bordwand hinausragt,

12. ein Fahrzeug führt, dessen aufgeholter Anker entgegen § 1.12 Nr. 2 unter den Boden oder den Kiel reicht,

13. entgegen § 1.12 Nr. 3 Satz 1 oder Nr. 4, § 1.13 Nr. 2 oder 3, § 1.14, § 1.15 Nr. 2, § 1.17 Nr. 1 Satz 2, Nr. 2 Satz 1, § 9.02 Nr. 3 Satz 2 oder § 11.03 Nummer 3 nicht oder nicht rechtzeitig für eine Benachrichtigung sorgt oder entgegen § 1.17 Nr. 1 Satz 1 eine Anzeige nicht oder nicht rechtzeitig vornimmt,

14. entgegen § 1.16 Nr. 1 bei Unfällen nicht alle verfügbaren Mittel aufbietet oder entgegen § 1.16 Nr. 2 nicht oder nicht rechtzeitig Hilfe leistet,

15. entgegen § 1.17 Nr. 2 Satz 2 nicht an Bord oder in der Nähe der Unfallstelle bleibt,

16. entgegen § 1.17 Nr. 3 nicht oder nicht rechtzeitig für eine Wahrschau sorgt,

17. entgegen § 1.18 Nr. 1 oder 2 eine Maßnahme nicht trifft,

18. einer vollziehbaren Anordnung nach § 1.19 Satz 1, auch in Verbindung mit Satz 2, zuwiderhandelt,

19. entgegen § 1.20 das Anbordkommen nicht erleichtert,

20. ohne Erlaubnis nach § 1.21 Nr. 1 Satz 2 einen Sondertransport durchführt,

21. einer vollziehbaren Anordnung vorübergehender Art nach § 1.22 Nr. 1 zuwiderhandelt,

22. entgegen § 1.25 lädt, löscht oder leichtert,

23. ein Fahrzeug führt, das entgegen §§ 2.01, 2.02 oder § 2.06 nicht oder nicht in der vorgeschriebenen Weise gekennzeichnet ist

oder an dem entgegen § 2.04 Nr. 1 Satz 1 oder Nr. 2 Satz 1 Einsenkungsmarken oder Tiefgangsanzeiger nicht angebracht sind,

24. ein Binnenschiff führt, das entgegen § 2.03 nicht geeicht ist, oder ein Fahrzeug führt, dessen Anker entgegen § 2.05 Nummer 1 nicht gekennzeichnet ist,

25. einer Vorschrift des § 3.02 Nummer 1, 2 Satz 1 oder Nummer 3 zweiter Halbsatz über Lichter oder Signalleuchten zuwiderhandelt,

26. einer Vorschrift des § 3.03 Nr. 1, 2 oder 3 zweiter Halbsatz, § 3.31 Nr. 1 Satz 3 oder § 3.32 Nr. 1 Satz 3 über Flaggen, Tafeln oder Wimpel oder des § 3.04 Nr. 2, 3 oder 4 Satz 2 über Zylinder, Bälle oder Kegel zuwiderhandelt,

27. ein Fahrzeug, einen Verband, ein schwimmendes Gerät, einen Schwimmkörper, eine schwimmende Anlage, ein Fischereigerät oder einen Anker

a) bei Nacht während des Stilliegens nach § 3.20 Nr. 1 Satz 1 oder Nr. 2, § 3.21, § 3.22, § 3.23 Satz 1, § 3.24 Satz 1 oder 2 erster Halbsatz, § 3.25 Nr. 1 Satz 1 Buchstabe a bis d oder Satz 2, Nr. 2 oder § 3.26 oder

b) bei Tag während des Stilliegens nach § 3.21, § 3.24 Satz 2 zweiter Halbsatz, § 3.25 Nr. 1 Satz 1 Buchstabe a bis d oder Satz 2, Nr. 2 oder § 3.26 Nr. 3 oder 4 nicht bezeichnet,

28. ein Fahrzeug führt, auf dem auf das Verbot des Betretens nach § 3.31 Nr. 1 Satz 1 oder Nr. 2, des Rauchens oder des Verwendens von ungeschütztem Licht oder Feuer nach § 3.32 Nr. 1 Satz 1 oder Nr. 2 oder des Stilliegens nebeneinander nach § 3.33 Nr. 1 oder 2 nicht oder nicht in der vorgeschriebenen Weise hingewiesen wird,

28a. entgegen § 3.34 ein Fahrzeug, das für den Einsatz von Tauchern verwendet wird nicht in der dort vorgeschriebenen Weise bezeichnet,

29. ein Fahrzeug oder eine schwimmende Anlage führt, auf dem eine Schiffsfunkstelle entgegen § 4.05 Nummer 1 Satz 1 nicht

entsprechend den dort genannten Vorschriften ausgerüstet ist oder nicht entsprechend den dort genannten Vorschriften betrieben wird,

29a. ein Fahrzeug führt, das nicht mit den vorgeschriebenen Sprechfunkanlagen nach § 4.05 Nummer 2 Satz 1 oder Nummer 3 Satz 1, auch in Verbindung mit Satz 4, ausgerüstet ist,

29b. ein Fahrzeug führt,

a) das entgegen § 4.07 Nummer 1 Satz 1 nicht mit einem Inland AIS Gerät ausgestattet ist

b) das entgegen § 4.07 Nummer 3 Satz 1 in dem dort genannten Fall nicht mit einem Inland ECDIS Gerät im Informationsmodus ausgestattet ist oder

c) das entgegen § 4.07 Nummer 8 nicht mit einer dort genannten Sprechfunkanlage für den Verkehrskreis Schiff-Schiff ausgerüstet ist,

29c. entgegen § 4.07 Nummer 4 die dort genannten Daten nicht oder nicht vollständig übermittelt oder entgegen § 4.07 Nummer 5 die dort genannten Daten bei Änderungen nicht, nicht rechtzeitig oder nicht vollständig aktualisiert,

30. einer Vorschrift über

a) die Zusammenstellung der Verbände nach § 6.21 Nr. 1, 2 Satz 1, Nr. 3 oder 4 oder die Begehbarkeit der Schubverbände nach § 8.08,

b) die Radarfahrt nach § 6.32 Nr. 1 Satz 1 oder Nr. 2,

c) das Stilliegen oder das Betreten der Fahrzeuge nach § 7.01, das Liegeverbot nach § 7.02 Nr. 1 Buchstabe a bis l Satz 1 oder Buchstabe m Satz 1, das Ankern nach § 7.03 Nr. 1, die Benutzung einer Stelze oder eines Ankerpfahls nach § 7.03 Nummer 3 Satz 1, das Festmachen nach § 7.04 Nummer 1, auch in Verbindung mit Nummer 2, oder Nummer 3, die Benutzung der Liegestellen nach § 7.05 oder § 7.06 Nummer 1, 2 oder Nummer 3 Satz 1 oder die Mindestabstände nach § 7.07 Nr. 1,

d) die Wache oder Aufsicht nach § 7.08 Nummer 1, Nummer 1 Buchstabe a in Verbindung mit Nummer 2 Buchstabe a und Nummer 1 Buchstabe b in Verbindung mit Nummer 2 Buchstabe b, oder Nummer 5,

e) die Höchstabmessungen der Fahrzeuge, Schubverbände oder Schleppverbände nach § 8.01 Nummer 1,

f) die Meldepflicht nach § 9.05 Nummer 1 in Verbindung mit Nummer 2, Nummer 3 Satz 2, Nummer 4 bis 9, Nummer 11 oder Nummer 12 oder

g) die Aufbewahrung des Ölkontrollbuches nach § 11.05 Nummer 1 Satz 2 oder 3 oder der Entladebescheinigung nach § 11.08 Nummer 2 Satz 2 zuwiderhandelt,

30a. ein Fahrzeug mit einer Länge von mehr als 110,00 m, ausgenommen ein Fahrgastschiff, führt, obwohl das Fahrzeug nicht den Anforderungen des § 8.01 Nummer 2 entspricht,

30b. ein Fahrgastschiff mit einer Länge von mehr als 110,00 m führt, obwohl das Fahrgastschiff nicht den Anforderungen des § 8.01 Nummer 3 entspricht,

30c. entgegen § 8.01 Nummer 6 nicht sicherstellt, dass die Sondererlaubnisse nach § 8.01 Nummer 4 an Bord mitgeführt oder auf Verlangen der Wasserschutzpolizei oder den Bediensteten der zuständigen Behörde zur Kontrolle ausgehändigt werden,

31. entgegen § 8.02 Nr. 1 Satz 1 einen Schubverband schleppt oder schleppen läßt,

32. entgegen § 8.02 Nr. 2 mit einem Schubverband eine Schlepptätigkeit ausübt,

33. entgegen § 8.04 Satz 1 an die Spitze eines Schubverbandes einen Trägerschiffsleichter setzt,

34. entgegen § 8.05 einen Schubleichter fortbewegt,

35. einen Schubverband führt, der nicht mit den nach § 8.06 Nr. 1 bis 3 vorgeschriebenen Kupplungen ausgerüstet ist,

36. ein Fahrzeug der in § 8.10 Nr. 1 Buchstabe a oder b genannten Art führt, das mit einem Bleib-weg-Signal nach § 8.10 Nr. 2 nicht ausgerüstet ist,

37. entgegen § 8.10 Nr. 1 das Bleib-weg-Signal nicht auslöst,

38. entgegen § 8.10 Nr. 3 bis 5, 7 oder 8 beim Wahrnehmen des Bleib-weg-Signals eine Maßnahme nicht trifft,

39. nicht dafür sorgt, daß die Vorschriften über die Sicherheit an Bord von Fahrzeugen, die für die Beförderung und Übernachtung von mehr als 12 Personen zugelassen sind, nach § 8.11 Buchstabe b bis e eingehalten werden,

39a. nicht dafür sorgt, dass die Vorschriften über die Sicherheit an Bord von Fahrzeugen, die Flüssigerdgas (LNG) als Brennstoff nutzen, nach § 8.12 Nummer 1, 2 Satz 1 oder Satz 3, Nummer 3 Satz 1, auch in Verbindung mit Satz 2, oder Nummer 4 eingehalten werden,

40. entgegen § 8.13 Nummer 1 an einer nicht zugelassenen Anlegestelle anlegt,

41. entgegen § 8.13 Nummer 2 Satz 1 länger als notwendig liegenbleibt,

42. entgegen § 11.04 Nummer 1 in Verbindung mit § 11.03 Nummer 1 nicht sicherstellt, dass öloder fetthaltiger Schiffsbetriebsabfall, Slops, Hausmüll, Klärschlamm, übriger Sonderabfall oder Bilgenwasser in der vorgeschriebenen Weise gesammelt werden, oder Behälter nicht oder nicht in der vorgeschriebenen Weise lagert,

43. entgegen § 11.05 Nummer 1 Satz 1 ein gültiges Ölkontrollbuch nicht an Bord hat oder entgegen § 11.05 Nummer 2 Satz 1 öl- oder fetthaltige Schiffsbetriebsabfälle, Slops oder übriger Sonderabfälle nicht an den zugelassenen Abnahmestellen abgibt oder entgegen § 11.05 Nummer 3 Satz 1, auch in Verbindung mit Satz 2, den Nachweis der Abgabe von Abfällen nicht erbringt oder entgegen § 11.05 Nummer 4 Hausmüll oder Klärschlamm nicht an den dafür vorgesehenen Abnahmestellen abgibt,

44. einer Vorschrift über die Sorgfaltspflicht beim Bunkern nach § 11.06 zuwiderhandelt,

44a. einer Vorschrift über die Sorgfaltspflicht beim Bunkern von Flüssigerdgas (LNG) nach § 11.07 Nummer 2 bis 9 zuwiderhandelt,

45. entgegen § 11.08 Nummer 1 bei der Restentladung oder bei der Abgabe oder Annahme von Abfällen aus dem Ladungsbereich die dort genannten Vorschriften nicht einhält oder

46. entgegen § 11.08 Nummer 2 Satz 1 eine gültige Entladebescheinigung nicht an Bord hat.

(5) Ordnungswidrig im Sinne des § 7 Abs. 1 des Binnenschiffahrtsaufgabengesetzes handelt, wer gegen eine Vorschrift der Moselschiffahrtspolizeiverordnung verstößt, indem er vorsätzlich oder fahrlässig als Mitglied der Besatzung

1. entgegen § 1.03 Nr. 1 Satz 1 einer Anweisung des Schiffsführers nicht Folge leistet oder

2. entgegen § 1.17 Nr. 2 Satz 2 nicht an Bord oder in der Nähe der Unfallstelle bleibt.

(6) Ordnungswidrig im Sinne des § 7 Abs. 1 des Binnenschiffahrtsaufgabengesetzes handelt, wer gegen eine Vorschrift der Moselschiffahrtspolizeiverordnung verstößt, indem er vorsätzlich oder fahrlässig als Eigentümer oder Ausrüster

1. anordnet oder zuläßt, daß

a) entgegen § 1.02 Nr. 1 Satz 1 ein Fahrzeug oder ein Schwimmkörper unter der Führung einer hierfür nicht geeigneten Person steht,

b) der nach § 1.02 Nr. 2 Satz 3 vorgeschriebene Führer des Verbandes nicht oder nicht rechtzeitig bestimmt wird oder

c) entgegen § 1.02 Nr. 4 der Schiffsführer während der Fahrt oder des Betriebes nicht an Bord ist,

1a. die Inbetriebnahme eines Fahrgastschiffes anordnet oder zulässt, obwohl die nach § 1.08 Nummer 4 vorgeschriebenen Einzelrettungsmittel nicht in ausreichender Anzahl oder nicht in der vorgeschriebenen Art an Bord vorhanden sind,

2. nicht dafür sorgt, dass die in § 1.10 Nr. 1 genannten Urkunden oder sonstigen Unterlagen sich an Bord befinden oder die in § 1.10 Nr. 3 Satz 1 zweiter Halbsatz genannten Schiffspapiere im Bereich der Baustelle verfügbar sind,

3. ohne Erlaubnis nach § 1.21 Nr. 1 Satz 2 einen Sondertransport durchführen läßt oder entgegen § 1.21 Nr. 1 Satz 4 einen Schiffsführer nicht bestimmt,

4. anordnet oder zuläßt, daß entgegen § 1.25 geladen, gelöscht oder geleichtert wird,

5. nicht dafür sorgt, daß Schwimmkörper oder schwimmende Anlagen in der nach § 3.23 vorgeschriebenen Weise bezeichnet werden,

5a. anordnet oder zulässt, dass entgegen § 4.05 Nummer 1 Satz 1 auf einem Fahrzeug oder einer schwimmenden Anlage eine Schiffsfunkstelle nicht entsprechend den dort genannten Vorschriften ausgerüstet ist oder nicht entsprechend den dort genannten Vorschriften betrieben wird,

6. die Radarfahrt eines Fahrzeugs anordnet oder zuläßt, das entgegen § 4.06 Nr. 1 oder § 6.32 Nr. 1 Satz 1 nicht vorschriftsmäßig ausgerüstet oder besetzt ist,

7. nicht dafür sorgt, dass sich an Bord der in § 7.08 Nummer 1 genannten Fahrzeuge ständig eine einsatzfähige Wache aufhält, die im Falle der Fahrzeuge nach § 7.08 Nummer 1 Buchstabe a durch ein Mitglied der Besatzung nach § 7.08 Nummer 2 Buchstabe a und im Falle der Fahrzeuge nach § 7.08 Nummer 1 Buchstabe b durch ein Mitglied der Besatzung nach § 7.08 Nummer 2 Buchstabe b sichergestellt wird,

8. nicht dafür sorgt, daß Fahrzeuge, Schwimmkörper oder schwimmende Anlagen beim Stilliegen unter der Aufsicht einer nach § 7.08 Nummer 5 vorgeschriebenen Person stehen,

9. anordnet oder zuläßt, daß ein Schubverband entgegen § 8.02 Nr. 1 Satz 1 geschleppt wird, oder entgegen § 8.02 Nr. 2 eine Schlepptätigkeit ausübt,

10. anordnet oder zuläßt, daß entgegen § 8.03 Satz 1 in einem Schubverband andere Fahrzeuge als Schubleichter mitgeführt werden, obwohl dies im Schiffsattest des schiebenden oder geschobenen Fahrzeugs nicht zugelassen ist,

11. die Inbetriebnahme eines Fahrzeugs anordnet oder zuläßt,

   a) dessen Länge, Breite, Höhe, Tiefgang oder Beladung entgegen § 1.06 den Gegebenheiten der Wasserstraße oder der Anlagen nicht angepaßt ist,

   b) das entgegen § 1.07 Nr. 1 Satz 1 tiefer als bis zur Unterkante der Einsenkungsmarken oder entgegen § 1.07 Nr. 1 Satz 2 tiefer als dort zugelassen abgeladen ist,

   c) dessen Sicht entgegen § 1.07 Nr. 2 Satz 1, auch in Verbindung mit Satz 3, eingeschränkt wird,

   d) dessen Ladung entgegen § 1.07 Nr. 3 die Stabilität des Fahrzeugs oder die Festigkeit des Schiffskörpers gefährdet,

   e) für das entgegen § 1.07 Nummer 4 Satz 2 nicht nachgewiesen ist, dass vor Beginn des Ladens oder Löschens oder vor Fahrtantritt eine Stabilitätsprüfung durchgeführt wurde,

   f) das entgegen § 1.07 Nr. 5 mehr Fahrgäste als zugelassen an Bord hat,

   g) das entgegen §§ 2.01, 2.02 oder § 2.06 nicht oder nicht in der vorgeschriebenen Weise gekennzeichnet ist,

   h) das entgegen § 2.03 nicht geeicht ist,

i) an dem entgegen § 2.04 Nr. 1 Satz 1 Einsenkungsmarken oder entgegen § 2.04 Nr. 2 Satz 1 Tiefgangsanzeiger nicht angebracht sind,

j) dessen Anker entgegen § 2.05 Nummer 1 nicht gekennzeichnet ist,

k) dessen Lichter entgegen § 3.02 Nr. 1 nicht von allen Seiten sichtbar sind oder ein gleichmäßiges, ununterbrochenes Licht nicht werfen oder entgegen § 3.02 Nr. 2 nicht den dort genannten Vorschriften entsprechen oder dessen Nachtbezeichnung entgegen § 3.02 Nr. 3 zweiter Halbsatz nicht die vorgeschriebene Tragweite hat,

l) das nicht mit dem nach § 4.01 Nr. 1 Buchstabe a vorgeschriebenen Schallgerät ausgerüstet ist,

m) das entgegen § 4.05 Nummer 2 Satz 1 oder Nummer 3 Satz 1, auch in Verbindung mit Satz 4, nicht mit einer Sprechfunkanlage ausgerüstet ist,

n) das entgegen § 4.07 Nummer 1 Satz 1 nicht mit einem Inland AIS Gerät ausgestattet ist,

o) das entgegen § 4.07 Nummer 3 Satz 1 in dem dort genannten Fall nicht mit einem Inland ECDIS Gerät im Informationsmodus ausgestattet ist,

p) das entgegen § 4.07 Nummer 8 in dem dort genannten Fall nicht mit einer Sprechfunkanlage für den Verkehrskreis Schiff-Schiff ausgerüstet ist,

q) das entgegen § 6.21 Nr. 1 Satz 1 über eine ausreichende Maschinenleistung nicht verfügt,

r) das entgegen § 6.21 Nr. 3 Satz 1 zum Schleppen, Schieben oder zur Fortbewegung gekuppelter Fahrzeuge verwendet wird,

s) das sich entgegen § 6.21 Nr. 3 Satz 2 nicht an der Steuerbordseite befindet,

t) das entgegen § 6.21 Nr. 4 längsseits gekuppelt fährt, schleppt oder geschleppt wird oder

u) das die nach § 8.01 Nummer 1 zulässigen Höchstabmessungen überschreitet,

11a. die Inbetriebnahme eines Fahrzeugs mit einer Länge von mehr als 110,00 m, ausgenommen ein Fahrgastschiff, anordnet oder zulässt, obwohl das Fahrzeug nicht den Anforderungen des § 8.01 Nummer 2 entspricht,

11b. die Inbetriebnahme eines Fahrgastschiffs anordnet oder zulässt, obwohl das Fahrgastschiff nicht den Anforderungen des § 8.01 Nummer 3 entspricht,

12. anordnet oder zuläßt, daß entgegen § 8.04 Satz 1 an der Spitze des Schubverbandes Trägerschiffsleichter eingesetzt werden,

13. anordnet oder zuläßt, daß ein Schubleichter entgegen § 8.05 fortbewegt wird,

14. die Inbetriebnahme eines Schubverbandes anordnet oder zuläßt, dessen Kupplungen der Vorschrift des § 8.06 Nr. 1 bis 3 nicht entsprechen,

15. die Inbetriebnahme eines Verbandes anordnet oder zuläßt, obwohl die nach § 8.07 Nummer 3, 5 und 6, jeweils auch in Verbindung mit Nummer 7, vorgeschriebene Sprechverbindung nicht besteht,

15a. die Inbetriebnahme eines Fahrzeugs mit einer Länge von mehr als 110,00 m anordnet oder zulässt, obwohl die nach § 8.07 Nummer 4, auch in Verbindung mit Nummer 7, vorgeschriebene Sprechverbindung nicht besteht, oder

16. die Inbetriebnahme eines Fahrzeugs, das für die Beförderung und Übernachtung von mehr als zwölf Personen zugelassen ist, anordnet oder zuläßt, obwohl die Besatzung oder das Personal entgegen § 8.11 Buchstabe b zweiter Halbsatz nicht unterwiesen wurde.

§ 5 (weggefallen)

§ 6

§ 7 Inkrafttreten

Diese Verordnung tritt am 1. Oktober 1997 in Kraft.

Moselschifffahrtspolizeiverordnung (MoselSchPV)

1997

Kapitel 1 Allgemeine Bestimmungen (§ 1.01 bis § 1.27)

§ 1.01 Begriffsbestimmungen

In dieser Verordnung gelten als

a. "Fahrzeug": ein Binnenschiff, einschließlich Kleinfahrzeug und Fähre sowie schwimmendes Gerät und Seeschiff;

b. "Fahrzeug mit Maschinenantrieb": ein Fahrzeug mit eigener in Tätigkeit gesetzter Antriebsmaschine, ausgenommen solche Fahrzeuge, deren Motor nur zu kleinen Ortsveränderungen (z. B. in Häfen oder an Lade- und Löschstellen) oder zur Erhöhung der Steuerfähigkeit des Fahrzeugs im Schlepp- oder Schubverband verwendet wird;

c. "Verband": ein Schleppverband, ein Schubverband oder gekuppelte Fahrzeuge;

d. "Schleppverband": eine Zusammenstellung von einem Fahrzeug oder mehreren Fahrzeugen, schwimmenden Anlagen oder Schwimmkörpern, die von einem oder mehreren zum Verband gehörigen Fahrzeugen mit Maschinenantrieb geschleppt wird;

e. "Schubverband": eine starre Verbindung von Fahrzeugen, von denen sich mindestens eines vor dem oder den beiden Fahrzeugen mit Maschinenantrieb befindet, das oder die den Verband fortbewegt oder fortbewegen und als "schiebendes Fahrzeug" oder "schiebende Fahrzeuge" bezeichnet wird oder werden; hierzu zählen auch Verbände aus einem schiebenden und einem geschobenen Fahrzeug, deren Kupplungen ein gesteuertes Knicken ermöglichen;

f. "Schubleichter": ein zur Fortbewegung durch Schieben gebautes oder hierfür besonders eingerichtetes Fahrzeug;

g. "Trägerschiffsleichter": ein Schubleichter, der für die Beförderung an Bord eines Seeschiffes und für die Fahrt auf Binnenwasserstraßen gebaut ist;

h. "Gekuppelte Fahrzeuge": eine Zusammenstellung von längsseits gekuppelten Fahrzeugen, von denen sich keines vor dem Fahrzeug mit Maschinenantrieb befindet, das die Zusammenstellung fortbewegt;

i. "Schwimmendes Gerät": eine schwimmende Konstruktion mit mechanischen Einrichtungen, die dazu bestimmt ist, auf Wasserstraßen oder in Häfen zur Arbeit eingesetzt zu werden, wie Bagger, Elevatoren, Hebeböcke, Krane;

j. "Schwimmende Anlage": eine schwimmende Einrichtung, die in der Regel nicht zur Fortbewegung bestimmt ist, wie eine Badeanstalt, ein Dock, eine Landebrücke, ein Bootshaus;

k. "Schwimmkörper": ein Floß und andere einzeln oder in Verbindung fahrtauglich gemachte Gegenstände, so weit sie nicht ein Fahrzeug oder eine schwimmende Anlage sind;

l. "Fähre": ein Fahrzeug, das dem Übersetzverkehr dient und von der zuständigen Behörde als Fähre behandelt wird;

m. "Kleinfahrzeug": ein Fahrzeug, dessen Schiffskörper, ohne Ruder und Bugspriet, eine Höchstlänge von weniger als 20,00 m aufweist, ausgenommen

- ein Fahrzeug, das zugelassen ist, Fahrzeuge, die nicht Kleinfahrzeuge sind, zu schleppen, zu schieben oder längsseits gekuppelt mitzuführen,

- ein Fahrzeug, das zur Beförderung von mehr als 12 Fahrgästen zugelassen ist,

- eine Fähre oder

- ein Schubleichter;

n. "Fahrzeug unter Segel": ein Fahrzeug, das nur unter Segel fährt; ein Fahrzeug, das unter Segel fährt und gleichzeitig eine Antriebsmaschine benutzt, gilt als Fahrzeug mit Maschinenantrieb;

o. "stillliegend": ein Fahrzeug, Schwimmkörper und eine schwimmende Anlage, die unmittelbar oder mittelbar vor Anker liegen oder am Ufer festgemacht sind;

p. "fahrend" oder "in Fahrt befindlich": ein Fahrzeug, Schwimmkörper und eine schwimmende Anlage, die weder unmittelbar noch mittelbar vor Anker liegen, am Ufer festgemacht oder festgefahren sind;

q. "Radarfahrt": eine Fahrt bei unsichtigem Wetter mit Radar;

r. "Nacht": der Zeitraum zwischen Sonnenuntergang und Sonnenaufgang;

s. "Tag": der Zeitraum zwischen Sonnenaufgang und Sonnenuntergang;

t. "weißes Licht", "rotes Licht", "grünes Licht", "gelbes Licht" und "blaues Licht": ein Licht, dessen Farbe den Anforderungen der Tabelle 2 der Europäischen Norm EN 14744:2005 entspricht;

u. "starkes Licht", "helles Licht" und "gewöhnliches Licht": ein Licht, dessen Stärke den Anforderungen der Tabelle 1 der Europäischen Norm EN 14744:2005 entspricht;

v. "Funkellicht", "schnelles Funkellicht": ein Licht, dessen Anzahl regelmäßiger Lichterscheinungen als Funkellicht der Anforderung der Zeile 1 und als schnelles Funkellicht den Anforderungen der Zeile 2 oder der Zeile 3 der Tabelle 3 der Europäischen Norm EN 14744:2005 entspricht;

w. "kurzer Ton": ein Ton von etwa einer Sekunde Dauer,

"langer Ton": ein Ton von etwa vier Sekunden Dauer, wobei die Pause zwischen zwei aufeinander folgenden Tönen etwa eine Sekunde beträgt;

x. "Folge sehr kurzer Töne": eine Folge von mindestens sechs Tönen je von etwa einer viertel Sekunde Dauer, wobei die Pause zwischen den aufeinander folgenden Tönen ebenfalls etwa eine viertel Sekunde beträgt;

y. "rechtes" und "linkes Ufer": die Seiten der Wasserstraße in der Richtung von der Quelle zur Mündung gesehen;

z. "zu Berg": die Richtung zu den Quellen der Mosel;

aa. "ADN": die dem Europäischen Übereinkommen über die internationale Beförderung von gefährlichen Gütern auf Binnenwasserstraßen beigefügte Verordnung (ADN) in der jeweils aktuellen Fassung;

ab. "Inland AIS Gerät": ein Gerät, das auf einem Fahrzeug eingebaut ist und im Sinne des Standards "Schiffsverfolgung und Aufspürung in der Binnenschifffahrt" (ZKR-Beschluss 2006-I-21) genutzt wird;

ac. "LNG-System": sämtliche Teile des Fahrzeugs, die Flüssigerdgas (LNG) oder Erdgas enthalten können, wie Motoren, Brennstofftanks und die Schlauch- und Rohrleitungen für das Bunkern;

ad. "Bunkerbereich": der Bereich in einem Radius von 20 Metern um den Bunkerverteiler;

ae. "Flüssigerdgas (LNG)": Erdgas, das durch Abkühlung auf eine Temperatur von -161 °C verflüssigt wurde;

af. "festverbundener Tank": ein mit dem Schiff verbundener Tank, wobei die Tankwände die Tankwände durch den Schiffskörper selbst oder durch vom Schiffskörper unabhängige Wandungen gebildet sein können;

ag. "Wassermotorrad": ein Kleinfahrzeug, wie ein Wasserbob, Wasserscooter, Jetbike oder Jetski oder ein anderes ähnliches Kleinfahrzeug mit eigenem mechanischem Antrieb, das eine oder mehrere Personen befördern kann und dafür gebaut und ausgelegt ist, um über Wasser zu gleiten oder Figuren auszuführen;

ah. "Fahrgastschiff": ein zur Beförderung von mehr als 12 Fahrgästen gebautes und eingerichtetes Tagesausflugs- oder Kabinenschiff;

ai. "Tagesausflugsschiff": ein Fahrgastschiff ohne Kabinen für die Übernachtung von Fahrgästen;

aj. "ES-TRIN": der Europäische Standard der technischen Vorschriften für Binnenschiffe in der gültigen Fassung, der vom

Europäischen Ausschuss für die Ausarbeitung von Standards im Bereich der Binnenschifffahrt (CESNI) angenommen wurde. Bei der Anwendung des ES-TRIN ist unter Mitgliedstaat ein Moseluferstaat zu verstehen.

§ 1.02 Schiffsführer

1. Jedes Fahrzeug sowie jeder Schwimmkörper muss unter der Führung einer hierfür geeigneten Person stehen. Diese wird als "Schiffsführer" bezeichnet. Seine Eignung gilt als vorhanden, wenn er eine der in der Verordnung über das Führen von Fahrzeugen auf der Mosel vorgesehenen Urkunden für die von ihm geführte Fahrzeugart besitzt.

2. Jeder Verband muss gleichfalls unter der Führung eines hierfür geeigneten Schiffsführers stehen. Stellt ein Fahrzeug mit Maschinenantrieb die Hauptantriebskraft, ist dessen Schiffsführer zugleich der Führer des Verbandes. Stellen mehrere Fahrzeuge die Hauptantriebskraft, ist der Führer des Verbandes rechtzeitig zu bestimmen.

3. In einem Schubverband benötigen die geschobenen Fahrzeuge keinen eigenen Schiffsführer, sondern unterstehen der Führung des schiebenden Fahrzeugs. Befindet sich unter gekuppelten Fahrzeugen ein Schubleichter, kann der Führer der gekuppelten Fahrzeuge zugleich die Aufgaben des Schiffsführers des Schubleichters wahrnehmen.

4. Der Schiffsführer muss während der Fahrt an Bord sein, auf schwimmenden Geräten ferner auch während des Betriebs.

5. Der Schiffsführer ist, unbeschadet der Verantwortung anderer Personen, für die Befolgung dieser Verordnung verantwortlich. Die Führer von Verbänden sind für die Befolgung der für diese geltenden Bestimmungen verantwortlich. In einem Schleppverband haben die Schiffsführer der geschleppten Fahrzeuge die Anweisungen des Führers des Schleppverbandes zu befolgen; sie haben jedoch auch ohne solche Anweisungen alle Maßnahmen zu treffen, die für die sichere Führung ihrer Fahrzeuge durch die Umstände geboten sind. Das gleiche gilt für die Schiffsführer

gekuppelter Fahrzeuge, die nicht zugleich Führer des Verbandes sind.

6. Ist für stillliegende Fahrzeuge oder Schwimmkörper eine Person als Wache oder als Aufsicht nach § 7.08 bestellt, tritt diese Person an die Stelle des Schiffsführers.

7. Der Schiffsführer darf nicht durch Übermüdung, Einwirkung von Alkohol, Medikamenten, Drogen oder aus einem anderen Grund beeinträchtigt sein. Bei einer Menge von 0,25 mg/l oder mehr Alkohol in der Atemluft oder bei einer Blutalkoholkonzentration von 0,5 oder mehr Promille oder einer Alkoholmenge im Körper, die zu einer solchen Atem- oder Blutalkoholkonzentration führt, ist es dem Schiffsführer verboten, das Fahrzeug zu führen.

§ 1.03 Pflichten der Besatzung und sonstiger Personen an Bord

1. Die Besatzung hat den Anweisungen des Schiffsführers Folge zu leisten, die dieser im Rahmen seiner Verantwortlichkeit erteilt. Sie hat zur Einhaltung dieser Verordnung ihrerseits beizutragen.

2. Alle übrigen an Bord befindlichen Personen haben die Anweisungen zu befolgen, die ihnen vom Schiffsführer im Interesse der Sicherheit der Schiffahrt und der Ordnung an Bord erteilt werden.

3. Mitglieder der Besatzung und sonstige Personen an Bord, die vorübergehend selbständig den Kurs und die Geschwindigkeit des Fahrzeugs bestimmen, sind insoweit auch für die Befolgung der Bestimmungen dieser Verordnung und der im Rahmen des § 1.22 erlassenen Verordnungen und Anordnungen verantwortlich.

4. Die Mitglieder der diensttuenden Besatzung nach § 1.08 Nummer 3 in Verbindung mit Nummer 2 und sonstige Personen an Bord, die vorübergehend selbständig den Kurs und die Geschwindigkeit des Fahrzeugs bestimmen, dürfen nicht durch Übermüdung, Einwirkung von Alkohol, Medikamenten, Drogen oder aus einem anderen Grund beeinträchtigt sein. Bei einer Menge von 0,25 mg/l oder mehr Alkohol in der Atemluft oder bei einer

Blutalkoholkonzentration von 0,5 oder mehr Promille oder einer Alkoholmenge im Körper, die zu einer solchen Atem- oder Blutalkoholkonzentration führt, ist es den in Satz 1 genannten Personen verboten, den Kurs und die Geschwindigkeit des Fahrzeugs zu bestimmen.

§ 1.04 Allgemeine Sorgfaltspflicht

Über diese Verordnung hinaus hat der Schiffsführer alle Vorsichtsmaßnahmen zu treffen, welche die allgemeine Sorgfaltspflicht und die Übung der Schifffahrt gebieten, um insbesondere

a. die Gefährdung von Menschenleben,

b. die Beschädigung anderer Fahrzeuge oder Schwimmkörper, der Ufer, der Regelungsbauwerke sowie von Anlagen jeder Art in der Wasserstraße oder an ihren Ufern,

c. die Behinderung der Schifffahrt, zu vermeiden und

d. jede vermeidbare Beeinträchtigung der Umwelt zu verhindern.

§ 1.05 Verhalten unter besonderen Umständen

Bei unmittelbar drohender Gefahr müssen die Schiffsführer alle Maßnahmen treffen, die die Umstände gebieten, auch wenn sie dadurch gezwungen sind, von dieser Verordnung abzuweichen.

§ 1.06 Benutzung der Wasserstraße

Unbeschadet der §§ 8.01 und 8.01a dieser Verordnung müssen Länge, Breite, Höhe, Tiefgang, Beladung und Geschwindigkeit der Fahrzeuge und Verbände den Gegebenheiten der Wasserstraße und der Anlagen angepasst sein.

§ 1.07 Anforderung an die Beladung und Sicht; Höchstzahl der Fahrgäste

1. Fahrzeuge dürfen nicht tiefer als bis zur Unterkante der Einsenkungsmarken abgeladen sein. Kanalpenichen (péniches Freycinet) dürfen nicht tiefer abgeladen sein als

bis zur Unterkante der Einsenkungsmarken oder bis zur Unterkante der Eichplatten oder -marken nach § 2.04 Nummer 1;

bis zur waagerechten Ebene, die 30 cm unter dem tiefsten Punkt §egt, über dem das Fahrzeug nicht mehr wasserdicht ist;

bis zum tiefsten Punkt des Gangbords.

2. Die freie Sicht darf durch die Ladung oder die Trimmlage des Fahrzeugs nicht weiter als 350,00 m vor dem Bug eingeschränkt werden. Wird während der Fahrt die unmittelbare Sicht nach hinten eingeschränkt, kann dies durch ein optisches Hilfsmittel ausgeglichen werden, das in einem ausreichenden Blickfeld ein klares und unverzerrtes Bild liefert. Ist beim Durchfahren von Brücken oder Schleusen infolge der Ladung keine ausreichende unmittelbare Sicht nach vorne möglich, kann dies während der Durchfahrt durch den Einsatz von Flachspiegelperiskopen, Radargeräten oder eines Ausguckes, der in ständiger Verbindung mit dem Steuerhaus steht, ausgeglichen werden.

3. Die Ladung darf die Stabilität des Fahrzeugs und die Festigkeit des Schiffskörpers nicht gefährden.

4. Die Stabilität von Fahrzeugen, die Container befördern, muss jederzeit gewährleistet sein. Der Schiffsführer hat nachzuweisen, dass eine Stabilitätsprüfung vor Beginn des Ladens und Löschens sowie vor Fahrtantritt durchgeführt wurde.

Die Stabilitätsprüfung kann manuell oder mit Hilfe eines Ladungsrechners erfolgen. Das Ergebnis der Stabilitätsprüfung und der aktuelle Stauplan sind an Bord mitzuführen und müssen jederzeit lesbar gemacht werden können.

Die Fahrzeuge müssen außerdem die Stabilitätsunterlagen nach Artikel 27.01 ES-TRIN mitführen.

Eine Stabilitätsprüfung ist bei Fahrzeugen, die Container befördern, nicht erforderlich, wenn das Fahrzeug in seiner Breite

a. höchstens drei Reihen Container laden kann und es vom Laderaumboden aus nur mit einer Lage Containern beladen ist

oder

b. vier und mehr Reihen Container laden kann und es ausschließlich mit Containern in höchstens zwei Lagen vom Laderaumboden aus beladen ist.

5. Fahrzeuge, die zur Beförderung von Fahrgästen bestimmt sind, dürfen nicht mehr Fahrgäste an Bord haben, als von der zuständigen Behörde zugelassen sind.

§ 1.08 Bau, Ausrüstung und Besatzung der Fahrzeuge

1. Fahrzeuge müssen so gebaut und ausgerüstet sein, dass die Sicherheit der an Bord befindlichen Personen und der Schifffahrt gewährleistet ist und die Verpflichtungen aus dieser Verordnung erfüllt werden können.

2. Die Besatzung aller Fahrzeuge muss nach Zahl und Eignung ausreichen, um die Sicherheit der an Bord befindlichen Personen und der Schifffahrt zu gewährleisten.

3. Diese Voraussetzungen gelten als erfüllt, wenn Bau, Ausrüstung, Besatzung und Betrieb der Fahrzeuge entweder den Bestimmungen der Binnenschiffsuntersuchungsordnung in der jeweils geltenden und anzuwendenden Fassung oder anderen gleichwertigen Vorschriften der Moseluferstaaten entsprechen und wenn:

a. die Fahrzeuge mit einem Schiffsattest und einem Bordbuch nach der Rheinschiffsuntersuchungsordnung oder den dafür als Ersatz zugelassenen Urkunden versehen sind. Die jeweilige Mindestbesatzung muss sich aus einer der in Satz 1 genannten Urkunden ergeben;

b. die Befähigung der Besatzungsmitglieder mittels eines Dienstbuches nach dem Muster des Rheins oder mittels einer in der Verordnung über das Führen von Fahrzeugen auf der Mosel vorgesehenen Urkunde nachgewiesen werden kann. Dies gilt nicht für Kleinfahrzeuge.

4. Unbeschadet der Nummer 3 müssen die unter Nummer 44 im Schiffsattest oder in der als Ersatz zugelassenen Urkunde eingetragenen Einzelrettungsmittel für Fahrgäste in einer der Verteilung der Fahrgäste entsprechenden Anzahl für Erwachsene und für Kinder an Bord vorhanden sein. Für Kinder bis zu 30 kg Körpergewicht oder 6 Jahren Alter sind nur Feststoffwesten nach den in Artikel 13.08 Nummer 2 ES-TRIN genannten Normen zulässig.

5. Sind die nach Artikel 14.02 Nummer 4 ES-TRIN geforderten Geländer umlegbar oder wegnehmbar, dürfen sie nur bei stillliegenden Fahrzeugen geöffnet oder teilweise entfernt werden und nur bei folgenden Betriebszuständen:

a. zum An- und Vonbordgehen an den hierfür vorgesehenen Stellen,

b. beim Einsatz des Schwenkbaumes in seinem Schwenkbereich,

c. beim Festmachen und Lösen von Seilen im Pollerbereich,

d. bei Fahrzeugen, die an senkrechten Ufern liegen, an der dem Ufer zugekehrten Seite, wenn keine Absturzgefahr besteht,

e. bei Fahrzeugen, die Bord an Bord liegen, an den sich berührenden Stellen, wenn keine Absturzgefahr besteht, oder

f. wenn die Be- und Entladearbeiten oder der Baubetrieb unverhältnismäßig behindert würden.

Sind Betriebszustände nach Satz 1 nicht mehr vorhanden, sind die Geländer sofort wieder zu schließen oder zu setzen.

6. Die Mitglieder der Besatzung und die sonstigen Personen an Bord müssen Rettungswesten nach Artikel 13.08 Nummer 2 ES-TRIN tragen:

a. beim An- und Vonbordgehen, sofern Absturzgefahr ins Wasser besteht,

b. bei Aufenthalt im Beiboot,

c. bei Arbeiten außenbords oder

d. bei Aufenthalt und Arbeit an Deck und im Gangbord, sofern Schanzkleider von mindestens 90 cm Höhe nicht vorhanden oder Geländer nach Nummer 5 nicht durchgehend gesetzt sind.

Außenbordarbeiten dürfen nur bei stillliegenden Schiffen durchgeführt werden und nur, wenn durch den übrigen Schiffsverkehr keine Gefährdung zu erwarten ist.

§ 1.09 Besetzung des Ruders

1. Auf jedem in Fahrt befindlichen Fahrzeug muss das Ruder mit einer hierfür geeigneten Person im Alter von mindestens 16 Jahren besetzt sein.

2. Die Altersvorschrift gilt nicht für Kleinfahrzeuge ohne Maschinenantrieb.

3. Zur sicheren Steuerung des Fahrzeugs muss der Rudergänger in der Lage sein, alle im Steuerstand ankommenden oder von dort ausgehenden Informationen und Weisungen zu empfangen und zu geben. Insbesondere muss er die Schallzeichen wahrnehmen können und nach allen Seiten genügend freie Sicht haben.

4. So weit es besondere Umstände erfordern, muss zur Unterrichtung des Rudergängers ein Ausguck oder Horchposten aufgestellt werden.

§ 1.10 Mitführen von Urkunden und sonstigen Unterlagen

1. Folgende Urkunden und sonstige Unterlagen müssen sich, soweit sie auf Grund besonderer Bestimmungen vorgeschrieben sind, an Bord befinden:

a. das Schiffsattest, das Gemeinschaftszeugnis oder die als Ersatz zugelassene Urkunde,

b. das Schifferpatent des Schiffsführers oder eine als Ersatz zugelassene Urkunde und, für die anderen Mitglieder der Besatzung, das ordnungsgemäß ausgefüllte Schifferdienstbuch, das Rheinschifferpatent oder eine als Ersatz zugelassene Urkunde,

c. das ordnungsgemäß ausgefüllte Bordbuch einschließlich der Bescheinigung nach Anlage A4 der Verordnung über das Schiffspersonal auf dem Rhein oder einer Kopie der Seite mit den Eintragungen der Fahr- beziehungsweise Ruhezeiten aus dem Bordbuch des Schiffes, auf dem die letzte Reise des Besatzungsmitgliedes stattgefunden hat, oder die als Ersatz zugelassene Urkunde,

d. die Bescheinigung über die Ausgabe der Bordbücher,

e. die Bescheinigung über das Vorschleusungsrecht,

f. der Eichschein des Fahrzeugs,

g. die Bescheinigung über Einbau und Funktion des Fahrtenschreibers sowie die vorgeschriebenen Aufzeichnungen des Fahrtenschreibers,

h. das Radarpatent oder ein gleichwertiges Zeugnis; diese Dokumente sind an Bord nicht erforderlich, wenn die Rheinpatentkarte die Eintragung "Radar" oder das gleichwertige Zeugnis des Schiffsführers die entsprechende Eintragung enthält,

i. die nach Artikel 7.06 Nummer 1 ES-TRIN erforderliche Bescheinigung über Einbau und Funktion von Radaranlage und Wendeanzeiger,

k. ein Sprechfunkzeugnis für den Binnenschifffahrtsfunk gemäß Anhang 5 der Regionalen Vereinbarung über den Binnenschifffahrtsfunk,

l. die Urkunde(n) "Frequenzzuteilung" oder die "Zuteilungsurkunde",

m. das Handbuch Binnenschifffahrtsfunk, Allgemeiner Teil und Regionaler Teil Rhein/Mosel,

n. das ordnungsgemäß ausgefüllte Ölkontrollbuch,

o. die Urkunden für Schiffsdampfkessel und sonstige Druckbehälter,

p. die Bescheinigung für Flüssiggasanlagen, q. die Unterlagen über elektrische Anlagen,

r. die Prüfbescheinigungen über tragbare Feuerlöscher und fest installierte Feuerlöschanlagen,

s. eine Prüfbescheinigung über Kräne,

t. die nach ADN Unterabschnitt 8.1.2.1, 8.1.2.2 und 8.1.2.3 erforderlichen Urkunden,

u. bei Containerbeförderung die von einer Schiffsuntersuchungskommission geprüften Stabilitätsunterlagen des Fahrzeugs, einschließlich Stauplan oder Ladungsliste für den jeweiligen Beladungsfall und das Ergebnis der Stabilitätsberechnung für den jeweiligen, einen früheren vergleichbaren oder einen standardisierten Beladungsfall jeweils unter Angabe des verwendeten Berechnungsverfahrens,

v. die Bescheinigung über Dauer und örtliche Begrenzung der Baustelle, auf der das Baustellenfahrzeug eingesetzt werden darf,

w. der Ausweis über das Kennzeichen für Kleinfahrzeuge oder die als Ersatz zugelassene Urkunde,

x. die nach § 8a.02 Nummer 3 Rheinschiffsuntersuchungsordnung oder anderen gleichwertigen Vorschriften der Moseluferstaaten erforderlichen Kopien des

Typgenehmigungsbogens und des Motorparameterprotokolls eines jeden Motors.

y. die Bescheinigung für die nach Artikel 13.02 Nummer 3 Buchstabe a ES-TRIN vorgeschriebenen Drahtseile.

z. der für Fahrzeuge mit einer Länge über 110,00 m, ausgenommen Fahrgastschiffe, in Artikel 28.04 Nummer 2 Buchstabe c ES-TRIN geforderte Nachweis,

aa. die von dem jeweiligen Stromabschnitt zuständigen Behörden erteilten und am 31. Dezember 2009 gültigen Sondererlaubnisse für Fahrzeuge über 110,00 m bis 135,00 m Länge, die nicht die Bedingungen des § 8.01 Nummer 2 oder 3 erfüllen, sowie die Sondererlaubnis nach § 8.01 Nummer 5.

ab. Bezugsnachweis für Gasöl nach Anlage 2 Teil A Artikel 3.04 Absatz 1 des Übereinkommens über die Sammlung, Abgabe und Annahme von Abfällen in der Rhein- und Binnenschifffahrt (CDNI), einschließlich der Quittungen für die Entgelttransaktionen des SPE-CDNI über einen Zeitraum von mindestens 12 Monaten. Liegt der letzte Bezug von Gasöl mehr als 12 Monate zurück, so ist mindestens der letzte Bezugsnachweis mitzuführen;

ac. die Entladebescheinigung nach § 11.08 Nummer 2.

ad. bei Fahrzeugen, die das Kennzeichen nach § 2.06 tragen, das in Anlage 8 Nummer 1.4.9 ES-TRIN vorgeschriebene Betriebshandbuch und die in Artikel 30.03 Nummer 1 ES-TRIN vorgeschriebene Sicherheitsrolle,

ae. bei Fahrzeugen, die das Kennzeichen nach § 2.06 tragen, die in § 4a.02 der Verordnung über das Schiffspersonal auf dem Rhein vorgeschriebenen Bescheinigungen des Schiffsführers und der Besatzungsmitglieder, die am Bunkervorgang beteiligt sind.

2. Die Schiffspapiere nach Nummer 1 Buchstabe a, e und f müssen jedoch nicht mitgeführt werden auf Schubleichtern, auf denen eine Metalltafel nach folgendem Muster angebracht ist:

EINHEITLICHE EUROPÄISCHE SCHIFFSNUMMER:

SCHIFFSATTEST, GEMEINSCHAFTSZEUGNIS (oder die als Ersatz zugelassene Urkunde):

NUMMER:

SUK (oder Behörde, die die als Ersatz zugelassene Urkunde ausgestellt hat):

GÜLTIG BIS:

Die geforderten Angaben müssen auf der Metalltafel in gut lesbaren Buchstaben von mindestens 6 mm Höhe eingeschlagen oder eingekörnt sein. Die Metalltafel muss mindestens 60 mm hoch und 120 mm lang sein. Sie muss gut sichtbar und dauerhaft auf der hinteren Steuerbordseite des Schubleichters befestigt sein. Die Übereinstimmung der Angaben auf der Metalltafel mit denen im Schiffsattest oder Gemeinschaftszeugnis des Schubleichters oder der als Ersatz zugelassenen Urkunde muss von einer Schiffsuntersuchungskommission oder durch die Behörde, die die als Ersatz zugelassene Urkunde ausgestellt hat, dadurch bestätigt sein, dass ihr Zeichen auf der Metalltafel eingeschlagen ist. Die Schiffspapiere nach Nummer 1 Buchstabe a, e und f muss der Eigentümer des Schubleichters aufbewahren. Auf die Mitführung der Schiffspapiere nach Nummer 1 Buchstabe x kann verzichtet werden, wenn zusätzlich die Typgenehmigungsnummer nach Anlage J Teil I Nummer 1.1.3 der Rheinschiffsuntersuchungsordnung oder anderen gleichwertigen Vorschriften der Moseluferstaaten auf der Metalltafel angebracht ist.

3. Auf Baustellenfahrzeugen nach Artikel 1.01 Nummer 1.24 ES-TRIN, auf denen weder ein Steuerhaus noch eine Wohnung vorhanden ist, brauchen die Schiffspapiere nach Nummer 1 Buchstabe a und f nicht an Bord mitgeführt zu werden; diese müssen jedoch jederzeit im Bereich der Baustelle verfügbar sein.

Baustellenfahrzeuge müssen eine Bescheinigung der zuständigen Behörde über Dauer und örtliche Begrenzung der Baustelle, auf der das Fahrzeug eingesetzt werden darf, an Bord mitführen.

4. Die Urkunden und sonstigen Unterlagen nach Nummer 1 sind auf Verlangen den Bediensteten der zuständigen Behörden auszuhändigen.

§ 1.11 Mitführen der Moselschifffahrtspolizeiverordnung

An Bord eines jeden Fahrzeugs, ausgenommen Kleinfahrzeuge und Schubleichter, muss sich ein Abdruck dieser Verordnung, in ihrer jeweils geltenden Fassung, einschließlich der Rechtsverordnungen nach § 1.22a befinden. Es darf auch eine auf elektronischem Wege jederzeit lesbare Textfassung sein.

§ 1.12 Gefährdung durch Gegenstände an Bord; Verlust von Gegenständen; Schifffahrtshindernisse

1. Gegenstände, die eine Beeinträchtigung nach § 1.04 verursachen können, dürfen über die Bordwand der Fahrzeuge, die Schwimmkörper oder die schwimmenden Anlagen nicht hiinausragen.

2. Aufgeholte Anker dürfen nicht unter den Boden oder den Kiel des Fahrzeugs reichen.

3. Hat ein Fahrzeug oder ein Schwimmkörper einen Gegenstand verloren und kann die Schifffahrt dadurch behindert oder gefährdet werden, muss der Schiffsführer dies unverzüglich der nächsten zuständigen Behörde mitteilen und dabei die Stelle des Verlustes so genau wie möglich angeben. Ferner hat er die Stelle nach Möglichkeit zu kennzeichnen.

4. Trifft ein Fahrzeug in der Wasserstraße ein störendes Hindernis an, muss der Schiffsführer dies unverzüglich der nächsten zuständigen Behörde mitteilen; er hat dabei die Stelle, wo das Hindernis angetroffen wurde, so genau wie möglich anzugeben.

§ 1.13 Schutz der Schifffahrtszeichen

1. Es ist verboten, Schifffahrtszeichen (z. B. Tonnen, Schwimmstangen, Baken, Wahrschauflöße mit Schifffahrtszeichen) zum Festmachen oder Verholen von Fahrzeugen zu benutzen, sie zu schädigen oder unbrauchbar zu machen.

2. Hat ein Fahrzeug oder Schwimmkörper ein Schifffahrtszeichen von seinem Platz verschoben oder eine zur Bezeichnung der Wasserstraße dienende Einrichtung beschädigt, muss der Schiffsführer dies unverzüglich der nächsten zuständigen Behörde mitteilen.

3. Allgemein hat jeder Schiffsführer die Pflicht, die nächste zuständige Behörde unverzüglich zu benachrichtigen, wenn er durch Unfälle verursachte oder sonstige Veränderungen an den Schifffahrtszeichen (z. B. Erlöschen eines Lichtes, falsche Lage einer Tonne, Zerstörung eines Zeichens) feststellt.

§ 1.14 Beschädigung von Anlagen

Hat ein Fahrzeug oder ein Schwimmkörper eine Anlage (z. B. Schleuse, Brücke, Buhne) beschädigt, muss der Schiffsführer dies unverzüglich der nächsten zuständigen Behörde mitteilen.

§ 1.15 Verbot des Einbringens von Gegenständen und anderen Stoffen in die Wasserstraße

1. Es ist verboten, feste Gegenstände oder andere Stoffe, die geeignet sind, die Schifffahrt oder sonstige Benutzer der Wasserstraße zu behindern oder zu gefährden, in die Wasserstraße einzubringen oder einzuleiten.

2. Sind derartige Gegenstände oder Stoffe frei geworden oder drohen sie frei zu werden, muss der Schiffsführer unverzüglich die nächste zuständige Behörde unterrichten; er hat dabei die Stelle des Vorfalls und die Art der Gegenstände oder Stoffe so genau wie möglich anzugeben.

§ 1.16 Rettung und Hilfeleistung

1. Der Schiffsführer muss bei Unfällen, die Menschen an Bord gefährden, zu ihrer Rettung alle verfügbaren Mittel aufbieten.

2. Sind bei dem Unfall eines Fahrzeugs oder Schwimmkörpers Menschen in Gefahr oder droht dadurch eine Sperrung des Fahrwassers, ist der Schiffsführer jedes in der Nähe befindlichen Fahrzeugs verpflichtet, unverzüglich Hilfe zu leisten, soweit dies mit der Sicherheit seines eigenen Fahrzeugs vereinbar ist.

3. Nach einem Schiffsunfall hat jeder Beteiligte sich über die Unfallfolgen zu vergewissern und die Feststellung seiner Person, seines Fahrzeugs und der Art seiner Beteiligung an dem Unfall zu ermöglichen. Beteiligt an einem Schiffsunfall ist jeder, dessen Verhalten nach den Umständen zum Unfall beigetragen haben kann.

§ 1.17 Anzeige von Unfällen; festgefahrene oder gesunkene Fahrzeuge

1. Unfälle und sonstige Beeinträchtigungen der Verkehrssicherheit sind der zuständigen Behörde umgehend anzuzeigen. Ereignet sich ein Unfall im Schleusenbereich, ist die Schleusenaufsicht sofort zu benachrichtigen.

2. Der Schiffsführer eines festgefahrenen oder gesunkenen Fahrzeugs oder Schwimmkörpers muss unverzüglich für die Benachrichtigung der nächsten zuständigen Behörde sorgen. Er oder ein anderes Mitglied der Besatzung muss an Bord oder in der Nähe der Unfallstelle bleiben, bis die zuständige Behörde ihm gestattet, sich zu entfernen.

3. Sofern es nicht offensichtlich unnötig ist, muss der Schiffsführer eines festgefahrenen oder gesunkenen Fahrzeugs oder Schwimmkörpers unbeschadet des § 3.25 unverzüglich für eine Wahrschau der herankommenden Fahrzeuge oder Schwimmkörper an geeigneten Stellen und in einer solchen Entfernung von der

Unfallstelle sorgen, dass diese rechtzeitig die erforderlichen Maßnahmen treffen können.

§ 1.18 Freimachen des Fahrwassers

1. Wenn ein festgefahrenes oder gesunkenes Fahrzeug, ein festgefahrener oder gesunkener Schwimmkörper oder ein von einem Fahrzeug oder Schwimmkörper verlorener Gegenstand das Fahrwasser ganz oder teilweise sperrt oder zu sperren droht, hat der Schiffsführer die erforderlichen Maßnahmen zu treffen, um das Fahrwasser in kürzester Frist frei zu machen.

2. Dasselbe gilt, wenn ein Fahrzeug oder Schwimmkörper zu sinken droht oder manövrierunfähig wird.

3. Für die Pflicht zur Beseitigung festgefahrener oder gesunkener Fahrzeuge, Schwimmkörper oder verlorener Gegenstände aus dem Flussbett gelten die nationalen Vorschriften.

4. Die zuständige Behörde kann die Beseitigung unverzüglich vornehmen, wenn sie nach ihrem Ermessen keinen Aufschub duldet.

§ 1.19 Besondere Anweisungen

Der Schiffsführer hat die Anweisungen zu befolgen, die ihm von den Bediensteten der zuständigen Behörden für die Sicherheit und Leichtigkeit der Schifffahrt erteilt werden. Dies gilt auch im Falle der grenzüberschreitenden Nacheile.

§ 1.20 Überwachung

Der Schiffsführer hat den Bediensteten der zuständigen Behörden die erforderliche Unterstützung zu geben, insbesondere ihr sofortiges Anbordkommen zu erleichtern, damit sie die Einhaltung dieser Verordnung überwachen können.

§ 1.21 Sondertransporte; Amphibienfahrzeuge; Militärfahrzeuge

1. Als Sondertransport gilt die Fortbewegung von a. Fahrzeugen und Verbänden, die nicht den §§ 1.06 und 1.08 Nummer 1 entsprechen, b. schwimmenden Anlagen und c. Schwimmkörpern, soweit dabei nicht offensichtlich eine Behinderung oder Gefährdung der Schifffahrt oder eine Beschädigung von Anlagen ausgeschlossen ist. Sondertransporte dürfen nur mit besonderer Erlaubnis der Behörden, die für die zu durchfahrenden Strecken zuständig sind, durchgeführt werden. Sie unterliegen den Auflagen, die diese Behörden im Einzelfall festlegen. Für jeden Sondertransport ist unter Berücksichtigung des § 1.02 ein Schiffsführer zu bestimmen.

2. Amphibienfahrzeuge gelten im Rahmen dieser Verordnung als Kleinfahrzeuge.

3. Mehrzweckfahrzeuge der deutschen Bundeswehr und Militärfahrzeuge der Moseluferstaaten verhalten sich während der Fahrt grundsätzlich wie Kleinfahrzeuge. Die §§ 6.02 und 6.02 a Nummer 1 und 3 sind anzuwenden. Sie führen das gelbe Funkellicht nach § 3.28 bei Tag und Nacht.

4. Nummer 1 Satz 1 Buchstabe b. gilt unterhalb der Grenzschleuse Apach (Mosel-km 242,20) auch für Wasserflugzeuge und Flugboote außerhalb von genehmigten Flugplätzen und von Außenstart- und -landegeländen, soweit es sich nicht um Fahrzeuge handelt, die nach der Rheinschiffsuntersuchungsordnung untersuchungspflichtig sind.

§ 1.22 Anordnungen vorübergehender Art der zuständigen Behörde

1. Der Schiffsführer muss die von der zuständigen Behörde erlassenen Anordnungen vorübergehender Art beachten, die aus besonderen Anlässen für die Sicherheit und Leichtigkeit der Schifffahrt bekanntgemacht worden sind.

2. Die Anordnungen können insbesondere veranlasst sein durch Arbeiten in der Wasserstraße, militärische Übungen, öffentliche Veranstaltungen nach § 1.23 oder durch die Fahrwasserverhältnisse.

Sie können auf bestimmten Strecken, auf denen besondere Vorsicht geboten ist und die durch Tonnen, Baken oder andere Zeichen oder durch Aufstellen von Wahrschauen bezeichnet sind, das Fahren bei Nacht oder mit zu tief gehenden Fahrzeugen untersagen.

3. (aufgehoben)

§ 1.22a Anordnungen vorübergehender Art der Moselkommission

Die Moselkommission kann Anordnungen vorübergehender Art mit einer Gültigkeit von höchstens drei Jahren beschließen, wenn es notwendig erscheint,

a. in dringenden Fällen Abweichungen von dieser Verordnung zuzulassen oder

b. um Versuche, durch die die Sicherheit und Leichtigkeit des Schiffsverkehrs nicht beeinträchtigt werden, zu ermöglichen.

§ 1.23 Erlaubnis besonderer Veranstaltungen

Sportliche Veranstaltungen, Wasserfestlichkeiten und sonstige Veranstaltungen, die die Sicherheit und Leichtigkeit des Verkehrs beeinträchtigen können, bedürfen der Erlaubnis der zuständigen Behörde. Dies gilt auch für Arbeiten und Übungen, die die Sicherheit oder Leichtigkeit des Verkehrs auf der Wasserstraße beeinträchtigen können.

§ 1.24 Anwendbarkeit der Verordnung auf Häfen, Lade- und Löschplätze

Diese Verordnung gilt auch auf den Wasserflächen, die Teile von Häfen, Lade- und Löschplätzen sind, unbeschadet der für diese erlassenen, durch die örtlichen Verhältnisse und den Umschlagsbetrieb bedingten besonderen schifffahrtspolizeilichen Vorschriften.

§ 1.25 Laden, Löschen und Leichtern

Das Laden, Löschen und Leichtern außerhalb der Häfen und der behördlich zugelassenen Stellen ist verboten.

§ 1.26 Sonderrechte der Fahrzeuge der Überwachungsbehörden

Bei der Erfüllung ihrer Aufgaben sind die Fahrzeuge der Überwachungsbehörden, die die Bezeichnung nach § 3.27 führen, von der Beachtung dieser Verordnung befreit, sofern die Sicherheit der Schifffahrt nicht beeinträchtigt wird.

§ 1.27 Anordnungen, Erlaubnisse und Genehmigungen

Anordnungen, Erlaubnisse und Genehmigungen können von der zuständigen Behörde mit Auflagen und Bedingungen versehen werden.

Kapitel 2 Kennzeichnung und Tiefgangsanzeiger der Fahrzeuge; Schiffseichung (§ 2.01 bis § 2.06)

§ 2.01 Kennzeichen der Fahrzeuge, ausgenommen Kleinfahrzeuge und Seeschiffe

1. An jedem Fahrzeug - mit Ausnahme der Kleinfahrzeuge und der Seeschiffe - müssen entweder auf dem Schiffskörper oder auf dauerhaft befestigten Platten oder Schildern folgende Kennzeichen angebracht sein:

a. sein Name, der auch eine Devise sein kann. Der Name ist auf beiden Seiten des Fahrzeugs und, mit Ausnahme von Schubleichtern, auch von hinten sichtbar anzubringen. Wird eine solche Aufschrift bei einem Fahrzeug, das gekuppelte Fahrzeuge oder einen Schubverband fortbewegt, verdeckt, ist der Name auf Tafeln in der Richtung, in der die Aufschrift verdeckt ist, gut sichtbar zu zeigen.

In Ermangelung eines Namens für das Fahrzeug ist entweder der Name der Organisation, der das Fahrzeug gehört, oder deren gebräuchliche Abkürzung, erforderlichenfalls mit einer Nummer dahinter,

oder die Registernummer anzubringen, welcher der Buchstabe oder die Buchstabengruppe des Landes folgt, in dem der Heimat- oder Registerort liegt (Anlage 1);

b. sein Heimat- oder Registerort. Der Name des Heimat- oder Registerortes ist entweder auf beiden Seiten oder am Heck des Fahrzeugs anzubringen; ihm folgt der Buchstabe oder die Buchstabengruppe des Landes, in dem der Heimat- oder Registerort liegt;

c. seine einheitliche europäische Schiffsnummer, die aus acht arabischen Ziffern besteht. Die drei ersten Ziffern dienen der Bezeichnung des Landes und der Ausgabestelle dieser einheitlichen europäischen Schiffsnummer. Die einheitliche europäische Schiffsnummer ist nach den unter Buchstabe a aufgeführten Bedingungen anzubringen.

d. (aufgehoben)

2. Darüber hinaus muss - mit Ausnahme der Kleinfahrzeuge und der Seeschiffe –

a. an jedem Fahrzeug, das zur Güterbeförderung bestimmt ist, die Tragfähigkeit in Tonnen angegeben sein; diese Angabe ist auf beiden Seiten des Fahrzeugs entweder auf dem Schiffskörper oder auf dauerhaft befestigten Platten oder Schildern anzubringen;

b. an jedem Fahrzeug, das zur Beförderung von Fahrgästen bestimmt ist, die höchstzulässige Anzahl der Fahrgäste an Bord an gut sichtbarer Stelle angebracht sein.

3. Die Kennzeichen nach den Nummern 1 und 2 sind in gut lesbaren und dauerhaften lateinischen Schriftzeichen anzubringen. Die Höhe der Schriftzeichen muss beim Namen und der einheitlichen europäischen Schiffsnummer mindestens 20,00 cm, bei den anderen Zeichen mindestens 15,00 cm, betragen.

Die Breite der Schriftzeichen und die Stärke der Striche müssen der Höhe entsprechen. Die Schriftzeichen müssen in heller Farbe auf dunklem Grund oder in dunkler Farbe auf hellem Grund angebracht sein.

4. Die Kennzeichnung nach Nummer 1 bis 3 kann für Kanalpenichen (péniches Freycinet) durch die auf den französischen Kanälen und der Saar vorgeschriebenen oder zugelassenen Kennzeichen ersetzt werden.

§ 2.02 Kennzeichen der Kleinfahrzeuge

1. Kleinfahrzeuge müssen mit einem amtlichen Kennzeichen versehen sein. Dieses Zeichen muss mindestens 10 cm hoch und an beiden Vorderseiten in heller Farbe auf dunklem Grund oder in dunkler Farbe auf hellem Grund angebracht sein.

2. Kleinfahrzeuge können durch besondere Vorschriften von der Kennzeichnung nach Nummer 1 ausgenommen werden. In diesem Fall sind an diesen Kleinfahrzeugen folgende Kennzeichen anzubringen:

a. ihr Name oder ihre Devise. Der Name ist auf der Außenseite des Kleinfahrzeugs in gut lesbaren und dauerhaften lateinischen Schriftzeichen anzubringen. In Ermangelung eines Namens für das Kleinfahrzeug ist der Name der Organisation, der es angehört, oder deren gebräuchliche Abkürzung, erforderlichenfalls mit einer Nummer dahinter, anzugeben. Die Schriftzeichen müssen in heller Farbe auf dunklem Grund oder in dunkler Farbe auf hellem Grund angebracht sein.

b. Name und Anschrift ihres Eigentümers. Der Name und die Anschrift des Eigentümers sind an gut sichtbarer Stelle an der Innen- oder Außenseite des Kleinfahrzeugs anzubringen.

3. Beiboote eines Fahrzeugs tragen jedoch an der Innen- oder Außenseite nur ein Kennzeichen, das die Feststellung des Eigentümers gestattet.

§ 2.03 Schiffseichung

Jedes Binnenschiff, das zur Güterbeförderung bestimmt ist, ausgenommen Kleinfahrzeuge, muss geeicht sein.

§ 2.04 Einsenkungsmarken und Tiefgangsanzeiger

1. An allen Fahrzeugen - mit Ausnahme der Kleinfahrzeuge - müssen Marken angebracht sein, welche die Ebene der größten Einsenkung anzeigen. Bei Seeschiffen ersetzt die "Frischwassermarke im Sommer" die Einsenkungsmarken. Die Einzelheiten über die Festsetzung der größten Einsenkung und die Grundsätze für die Anbringung der Einsenkungsmarken sind in den Artikeln 4.04, 4.05 und 22.09 ES-TRIN oder in anderen gleichwertigen Vorschriften der Moseluferstaaten geregelt.

Bei Kanalpenichen (péniches Freycinet) können die Einsenkungsmarken auf jeder Seite durch mindestens eine Eichplatte oder eine Eichmarke, die nach dem Übereinkommen über die Eichung der Binnenschiffe angebracht sind, ersetzt werden.

2. An allen Fahrzeugen, deren Tiefgang 1,00 m erreichen kann - mit Ausnahme der Kleinfahrzeuge und Kanalpenichen (péniches Freycinet) - müssen Tiefgangsanzeiger angebracht sein. Die Grundsätze für die Anbringung sind in den Artikeln 4.06 und 22.09 ES-TRIN geregelt.

§ 2.05 Kennzeichen der Anker

1. Schiffsanker müssen dauerhafte Kennzeichen tragen. Diese müssen mindestens die einheitliche europäische Schiffsnummer des Fahrzeugs enthalten.

2. Abweichend von Nummer 1 sind bei Ankern, die sich am 30. Juni 2021 an Bord von Fahrzeugen befinden, weiterhin die Nummer des Schiffsattestes und die Unterscheidungsbuchstaben der Schiffsuntersuchungskommission oder der Name und Wohnort des Eigentümers des Fahrzeugs zulässig.

3. Wird die Nummer des Schiffsattestes geändert, findet Nummer 2 keine Anwendung mehr.

4. Nummer 1 gilt nicht für Anker von Seeschiffen, Kleinfahrzeugen und Fahrzeugen, die nur ausnahmsweise auf der Mosel fahren.

§ 2.06 Kennzeichnung der Fahrzeuge, die Flüssigerdgas (LNG) als Brennstoff nutzen

1. Fahrzeuge, die Flüssigerdgas (LNG) als Brennstoff nutzen, müssen ein Kennzeichen tragen.

2. Das Kennzeichen ist rechteckig mit der Aufschrift "LNG" in weißen Buchstaben auf rotem Grund und einem weißen Rand von mindestens 5 cm Breite. Die Länge der langen Seite des Rechtecks muss mindestens 60 cm betragen. Die Höhe der Schriftzeichen muss mindestens 20 cm betragen. Die Breite der Schriftzeichen und die Stärke der Striche müssen der Höhe entsprechen.

3. Das Kennzeichen muss an einer geeigneten und gut sichtbaren Stelle angebracht sein.

4. Das Kennzeichen muss erforderlichenfalls beleuchtet werden, damit es bei Nacht deutlich sichtbar ist.

Kapitel 3 Bezeichnung der Fahrzeuge (§ 3.01 bis § 3.34)

Abschnitt I: Allgemeines (§ 3.01 bis § 3.07)

§ 3.01 Begriffsbestimmungen und Anwendungen

1. In diesem Kapitel gelten als

a. "Topplicht" ein weißes starkes Licht, das über einen Horizontbogen von 225°, und zwar von vorn bis beiderseits 22°30' hinter die Querlinie, und das nur in diesem Bogen sichtbar ist;

b. "Seitenlichter" an Steuerbord ein grünes helles Licht und an Backbord ein rotes helles Licht, von denen jedes über einen Horizontbogen von 112°30', das heißt von vorn bis 22°30' hinter die Querlinie, und nur in diesem Bogen sichtbar ist;

c. "Hecklicht" ein weißes gewöhnliches Licht oder ein weißes helles Licht, das über einen Horizontbogen von 135°, und zwar 67°30' von hinten nach jeder Seite und nur in diesem Bogen sichtbar ist;

d. "von allen Seiten sichtbares Licht" ein Licht, das über einen Horizontbogen von 360° sichtbar ist.

2. Wenn es die Sichtverhältnisse erfordern, müssen die für die Nacht vorgeschriebenen Lichter zusätzlich bei Tag gesetzt werden.

3. Bei Anwendung dieses Kapitels gelten

a. ein Schubverband, dessen Länge 110 m und dessen Breite 11,45 m nicht überschreiten, als ein einzeln fahrendes Fahrzeug mit Maschinenantrieb von gleicher Länge und

b. ein Verband gekuppelter Fahrzeuge, dessen Länge 140 m überschreitet, als ein Schubverband von gleicher Länge.

4. Die in diesem Kapitel vorgeschriebenen Bezeichnungen sind in Anlage 3 abgebildet.

5. Auf die Schleusung wartende Fahrzeuge können die für die Fahrt vorgeschriebenen Zeichen beibehalten.

§ 3.02 Lichter und Signalleuchten

1. Soweit nichts anderes bestimmt ist, müssen die in dieser Verordnung vorgeschriebenen Lichter von allen Seiten sichtbar sein und ein gleichmäßiges, ununterbrochenes Licht werfen.

2. Es dürfen nur Signalleuchten verwendet werden,

   a. deren Gehäuse und Zubehör das Zulassungskennzeichen tragen, das nach der Richtlinie 96/98/EG des Rates vom 20. Dezember 1996 über Schiffsausrüstung (ABl. L 46 vom 17.02.1997, Seite 25), die zuletzt durch die Verordnung (EG) Nr. 596/2009 (ABl. L 188 vom 18.07.2009, Seite 14) geändert worden ist, vorgeschrieben ist, und

   b. deren Lichter in horizontaler Ausstrahlung, Farbe und Stärke den Bestimmungen dieser Verordnung entsprechen.

Signalleuchten, deren Gehäuse, Zubehör und Lichtquellen den Anforderungen der am 30. November 2009 geltenden Rheinschifffahrtspolizeiverordnung oder der Richtlinie 2006/87/EG des Europäischen Parlaments und des Rates vom 12. Dezember 2006 über die technischen Vorschriften für Binnenschiffe und zur Aufhebung der Richtlinie 82/714/EWG des Rates (ABl. L 389 vom 30.12.2006, Seite 1), die zuletzt durch die Richtlinie 2009/46/EG (ABl. L 109 vom 30.04.2009, Seite 14) geändert worden ist, entsprechen, dürfen weiterhin verwendet werden.

3. Die Nachtbezeichnung stillliegender nicht motorisierter Fahrzeuge braucht nicht Nummer 2 zu entsprechen; sie muss jedoch bei klarer Sicht und dunklem Hintergrund eine Tragweite von etwa 1.000,00 m haben.

§ 3.03 Flaggen, Tafeln und Wimpel

1. Soweit nichts anderes bestimmt ist, müssen die in dieser Verordnung vorgeschriebenen Flaggen und Tafeln rechteckig sein.

2. Die Farben der Flaggen, Tafeln und Wimpel dürfen weder verblasst noch verschmutzt sein. 3. Ihre Abmessungen müssen so groß sein, dass sie gut gesehen werden können; diese Voraussetzung gilt in jedem Falle als erfüllt

- bei Flaggen und Tafeln, wenn sie mindestens 1,00 m hoch und 1,00 m breit sind

- bei Wimpeln, wenn ihre Länge mindestens 1,00 m und ihre Breite an einer Seite mindestens 0,50 m beträgt.

§ 3.04 Zylinder, Bälle und Kegel

1. Die in dieser Verordnung vorgeschriebenen Zylinder, Bälle und Kegel dürfen durch Einrichtungen ersetzt werden, die aus der Entfernung das gleiche Aussehen haben.

2. Ihre Farben dürfen weder verblasst noch verschmutzt sein.

3. Ihre Abmessungen müssen mindestens betragen:

a. für Zylinder 0,80 m in der Höhe und 0,50 m im Durchmesser;

b. für Bälle 0,60 m im Durchmesser;

c. für Kegel 0,60 m in der Höhe und 0,60 m im Durchmesser der Grundfläche;

d. für Doppelkegel 0,80 m in der Höhe und 0,50 m im Durchmesser der Grundfläche.

4. Für Kleinfahrzeuge dürfen entgegen Nummer 3 Signalkörper mit geringeren Abmessungen, die im Verhältnis zur Größe des Kleinfahrzeugs angemessen sind, verwendet werden. Sie müssen jedoch so groß sein, dass sie gut gesehen werden können.

§ 3.05 Verbotene oder ausnahmsweise zugelassene Lichter und Sichtzeichen

1. Es ist verboten, andere als die in dieser Verordnung vorgesehenen Lichter und Sichtzeichen zu gebrauchen oder sie unter Umständen zu gebrauchen, für die sie nicht vorgeschrieben oder zugelassen sind.

2. Zur Verständigung von Fahrzeug zu Fahrzeug und zwischen Fahrzeug und Land dürfen jedoch auch andere Lichter und Sichtzeichen verwendet werden, sofern dies zu keiner Verwechslung mit den in dieser Verordnung vorgesehenen Lichtern und Sichtzeichen führen kann.

§ 3.06 (ohne Inhalt)

§ 3.07 Verbotener Gebrauch von Lichtern, Scheinwerfern, Flaggen, Tafeln und Wimpeln usw.

1. Es ist verboten, Lichter oder Scheinwerfer sowie Flaggen, Tafeln, Wimpel oder andere Gegenstände in einer Weise zu gebrauchen, dass sie mit den in dieser Verordnung vorgesehenen Bezeichnungen verwechselt werden oder deren Sichtbarkeit beeinträchtigen oder deren Erkennbarkeit erschweren können.

2. Es ist verboten, Lichter oder Scheinwerfer in einer Weise zu gebrauchen, dass sie blenden und dadurch die Schifffahrt oder den Verkehr an Land gefährden oder behindern.

Abschnitt II: Nacht- und Tagbezeichnung (§ 3.08 bis § 3.26)

Titel A: Bezeichnung während der Fahrt

§ 3.08 Bezeichnung einzeln fahrender Fahrzeuge mit Maschinenantrieb

1. Einzeln fahrende Fahrzeuge mit Maschinenantrieb müssen bei Nacht führen:

   a. ein Topplicht, das auf dem vorderen Teil des Fahrzeugs mindestens 5,00 m über der Ebene der Einsenkungsmarken gesetzt werden muss; diese Höhe darf bis auf 4,00 m verringert werden, wenn die Länge des Fahrzeugs 40,00 m nicht überschreitet;

   b. die Seitenlichter, die in gleicher Höhe und in einer Ebene senkrecht zur Längsebene des Fahrzeugs gesetzt werden müssen; sie müssen mindestens 1,00 m tiefer als das Topplicht und mindestens 1,00 m hinter diesem gesetzt und binnenbords derart abgeblendet werden, dass das grüne Licht nicht von Backbord, das rote Licht nicht von Steuerbord gesehen werden kann;

   c. ein Hecklicht auf dem Hinterschiff.

2. Einzeln fahrende Fahrzeuge mit Maschinenantrieb mit mehr als 110,00 m Länge müssen bei Nacht außerdem ein zweites Topplicht führen, und zwar auf dem Hinterschiff und in größerer Höhe als das vordere Licht.

3. Dieser Paragraf gilt weder für Kleinfahrzeuge noch für Fähren; für Kleinfahrzeuge gilt § 3.13, für Fähren § 3.16.

§ 3.09 Bezeichnung der Schleppverbände in Fahrt

1. An der Spitze eines Schleppverbandes in Fahrt muss das Fahrzeug mit Maschinenantrieb führen:

bei Nacht:

a. außer dem Topplicht und den Seitenlichtern nach § 3.08 Nummer 1 Buchstabe a und b ein zweites Topplicht; dieses muss etwa 1,00 m unter dem ersten Topplicht, jedoch nach Möglichkeit mindestens 1,00 m höher als die Seitenlichter gesetzt werden;

b. statt des Hecklichts nach § 3.08 Nummer 1 Buchstabe c ein gelbes Hecklicht an geeigneter Stelle und in ausreichender Höhe, damit es von dem nachfolgenden Anhang gesehen werden kann;

bei Tag: einen gelben Zylinder, der oben und unten mit je einem schwarzen und je einem weißen Streifen letztere an den äußeren Enden eingefasst ist. Der Zylinder muss auf dem Vorschiff senkrecht und so hoch gesetzt werden, dass er von allen Seiten sichtbar ist.

2. Hat ein Schleppverband an der Spitze mehrere Fahrzeuge mit Maschinenantrieb, die nebeneinander fahren, sei es längsseits gekuppelt oder nicht, muss jedes dieser Fahrzeuge führen:

bei Nacht: ein drittes Topplicht; dieses muss etwa 2,00 m unter dem ersten Topplicht, jedoch nach Möglichkeit mindestens 1,00 m höher als die Seitenlichter gesetzt werden;

bei Tag: den Zylinder nach Nummer 1.

Das gleiche gilt für alle Fahrzeuge mit Maschinenantrieb, die gemeinsam ein Fahrzeug, einen Schwimmkörper oder eine schwimmende Anlage bugsieren.

3. Die geschleppten Fahrzeuge eines Schleppverbandes in Fahrt müssen führen:

bei Nacht: ein weißes helles, von allen Seiten sichtbares Licht, das mindestens 5,00 m über der Ebene der Einsenkungsmarken gesetzt werden muss. Diese Höhe darf bis auf 4,00 m verringert werden, wenn die Länge des Fahrzeugs 40,00 m nicht überschreitet;

bei Tag: einen gelben Ball an einer geeigneten Stelle und so hoch, dass er von allen Seiten sichtbar ist.

Wenn jedoch

a. eine Anhanglänge des Verbandes 110,00 m überschreitet, muss sie bei Nacht zwei Lichter nach Satz 1 führen und zwar eines auf der vorderen und eines auf der hinteren Hälfte,

b. eine Anhanglänge des Verbandes aus mehr als zwei längsseits verbundenen Fahrzeugen besteht, sind die Lichter oder die Bälle nach Satz 1 nur von den beiden äußeren Fahrzeugen zu führen.

Die Lichter und Bälle aller geschleppten Fahrzeuge eines Verbandes sind so zu setzen, dass sie sich möglichst in gleicher Höhe über dem Wasserspiegel befinden.

4. Das Fahrzeug oder die Fahrzeuge, die die letzte Anhanglänge eines Schleppverbandes in Fahrt bilden, müssen bei Nacht führen:

a. das Licht nach Nummer 3 oder das Topplicht nach § 3.08 Nummer 1 Buchstabe a;

b. das Hecklicht nach § 3.08 Nummer 1 Buchstabe c. Bilden mehr als zwei längsseits verbundene Fahrzeuge den Schluss des Verbandes, brauchen nur die beiden äußeren Fahrzeuge dieses Hecklicht zu führen.

5. Auf den Reeden brauchen Schleppverbände, die aus einem Fahrzeug mit Maschinenantrieb und einer einzigen Anhanglänge bestehen, die Tagbezeichnung nach diesem Paragrafen nicht zu führen.

6. Dieser Paragraf gilt nicht für Kleinfahrzeuge, die ausschließlich Kleinfahrzeuge schleppen, und nicht für geschleppte Kleinfahrzeuge; für diese Kleinfahrzeuge gilt § 3.13 Nummer 2 und 3.

§ 3.10 Bezeichnung der Schubverbände in Fahrt

1. Schubverbände in Fahrt müssen bei Nacht führen:

a. als Topplichter

I. drei Topplichter auf dem Vorschiff des Fahrzeugs oder, bei mehreren Fahrzeugen, auf dem Vorschiff des linken der Fahrzeuge an der Spitze des Verbandes. Diese Topplichter müssen in der Form eines gleichseitigen Dreiecks mit waagerechter Grundlinie in einer Ebene senkrecht zur Längsebene des Verbandes angeordnet sein. Das oberste Topplicht muss mindestens 5,00 m über der Ebene der Einsenkungsmarken gesetzt werden. Die beiden unteren Topplichter müssen in einem Abstand von etwa 1,25 m voneinander und ungefähr 1,10 m unter dem obersten Topplicht gesetzt werden;

II. ein Topplicht auf dem Vorschiff jedes anderen Fahrzeugs, dessen ganze Breite von vorn sichtbar ist. Dieses Topplicht ist nach Möglichkeit 3,00 m tiefer als das oberste Topplicht nach Ziffer I hiervor zu setzen. Die Masten dieser Topplichter müssen in der Längsebene des Fahrzeugs stehen, auf dem sie geführt werden;

b. als Seitenlichter auf dem breitesten Teil des Verbandes, höchstens 1,00 m von dessen Außenseiten entfernt, möglichst nahe beim schiebenden Fahrzeug und mindestens 2,00 m über dem Wasserspiegel;

c. als Hecklichter

I. drei Hecklichter auf dem Hinterschiff des schiebenden Fahrzeugs in einer waagerechten Linie senkrecht zur Längsebene mit einem seitlichen Abstand von etwa 1,25 m und in ausreichender Höhe, so dass sie nicht durch eines der anderen Fahrzeuge des Verbandes verdeckt werden können;

II. ein Hecklicht auf dem Hinterschiff eines jeden anderen Fahrzeugs, dessen ganze Breite von hinten sichtbar ist. Befinden sich in dem Verband außer dem schiebenden Fahrzeug mehr als zwei von hinten sichtbare Fahrzeuge, ist dieses Hecklicht nur von den beiden äußeren Fahrzeugen zu führen.

2. Schubverbände, die durch zwei schiebende Fahrzeuge nebeneinander fortbewegt werden, müssen bei Nacht Hecklichter nach Nummer 1 Buchstabe c Ziffer I auf dem steuerbordseitigen schiebenden Fahrzeug führen; das andere schiebende Fahrzeug muss das Hecklicht nach Nummer 1 Buchstabe c Ziffer II führen.

3. Nummer 1 gilt auch für Schubverbände, wenn sie bei Nacht geschleppt werden; jedoch müssen die drei Hecklichter nach Nummer 1 Buchstabe c Ziffer I gelb sein.

4. Wird ein Schubverband bei Tag geschleppt, muss das schiebende Fahrzeug führen: einen gelben Ball an einer geeigneten Stelle und so hoch, dass er von allen Seiten sichtbar ist.

§ 3.11 Bezeichnung gekuppelter Fahrzeuge in Fahrt

1. Gekuppelte Fahrzeuge in Fahrt müssen bei Nacht führen:

   a. auf jedem Fahrzeug das Topplicht nach § 3.08 Nummer 1 Buchstabe a; auf Fahrzeugen ohne Maschinenantrieb kann dieses Topplicht jedoch an einer geeigneten Stelle und nicht höher als das Topplicht des Fahrzeugs oder der Fahrzeuge mit Maschinenantrieb durch das Licht nach § 3.09 Nummer 3 ersetzt werden;

   b. die Seitenlichter nach § 3.08 Nummer 1 Buchstabe b; diese Lichter müssen an der Außenseite der äußeren Fahrzeuge gesetzt werden, und zwar möglichst in gleicher Höhe und mindestens 1,00 m tiefer als das niedrigste Topplicht;

   c. auf jedem Fahrzeug ein Hecklicht auf dem Hinterschiff.

2. Dieser Paragraf ist weder auf Kleinfahrzeuge, die nur Kleinfahrzeuge längsseits gekuppelt führen, noch auf längsseits gekuppelte Kleinfahrzeuge anzuwenden; für diese Kleinfahrzeuge gilt § 3.13 Nummer 2 und 3.

§ 3.12 Bezeichnung der Fahrzeuge unter Segel in Fahrt

1. Fahrzeuge unter Segel in Fahrt müssen bei Nacht führen:

   a. die Seitenlichter nach § 3.08 Nummer 1 Buchstabe b, jedoch können diese gewöhnliche Lichter sein;

   b. ein Hecklicht auf dem Hinterschiff.

2. Dieser Paragraf gilt nicht für Kleinfahrzeuge; für diese gilt § 3.13 Nummer 1, 4 und 6.

§ 3.13 Bezeichnung der Kleinfahrzeuge in Fahrt

1. Einzeln fahrende Kleinfahrzeuge mit Maschinenantrieb müssen bei Nacht führen: entweder

   a. ein Topplicht, jedoch hell statt stark, in gleicher Höhe wie die Seitenlichter und mindestens 1,00 m vor diesen;

   b. Seitenlichter, die gewöhnliche Lichter sein dürfen. Sie müssen in gleicher Höhe und in einer Ebene senkrecht zur Längsachse des Fahrzeugs gesetzt sein und innenbords derart abgeblendet sein, dass das grüne Licht nicht von Backbord, das rote Licht nicht von Steuerbord gesehen werden kann;

   c. ein Hecklicht;

   oder

   d. das Topplicht nach Buchstabe a; dieses Licht muss jedoch mindestens 1,00 m höher als die Seitenlichter gesetzt sein;

   e. die Seitenlichter nach Buchstabe b; diese Lichter können jedoch unmittelbar nebeneinander oder in einer einzigen Laterne in der Schiffsachse gesetzt sein;

   f. ein Hecklicht; dieses Licht darf unter der Voraussetzung entfallen, dass anstelle des Topplichtes nach Buchstabe d ein von allen Seiten sichtbares weißes helles Licht geführt wird.

2. Schleppt ein Kleinfahrzeug ausschließlich Kleinfahrzeuge oder führt es nur solche längsseits gekuppelt, muss es bei Nacht die Lichter nach Nummer 1 führen.

3. Geschleppte oder längsseits gekuppelte Kleinfahrzeuge müssen bei Nacht ein von allen Seiten sichtbares weißes gewöhnliches Licht führen. Dies gilt nicht für die Beiboote der Fahrzeuge.

4. Einzeln fahrende Kleinfahrzeuge unter Segel müssen bei Nacht führen:

entweder die Seitenlichter nach Nummer 1 Buchstabe b oder e und ein Hecklicht

oder diese Seitenlichter und das Hecklicht in einer einzigen Laterne am Topp

oder ein von allen Seiten sichtbares weißes gewöhnliches Licht und bei der Annäherung anderer Fahrzeuge außerdem ein zweites weißes gewöhnliches Licht zeigen.

5. Einzeln weder mit Maschinenantrieb noch unter Segel fahrende Kleinfahrzeuge müssen bei Nacht ein von allen Seiten sichtbares weißes gewöhnliches Licht führen. Beiboote, auf die die gleichen Voraussetzungen zutreffen, brauchen dieses Licht jedoch nur bei der Annäherung anderer Fahrzeuge zu zeigen.

6. Ein Kleinfahrzeug unter Segel, das gleichzeitig mit einer Antriebsmaschine fährt, muss bei Tag führen: einen schwarzen Kegel mit der Spitze nach unten, so hoch wie möglich an einer Stelle, an der er am besten sichtbar ist.

§ 3.14 Zusätzliche Bezeichnung der Fahrzeuge in Fahrt bei Beförderung bestimmter gefährlicher Güter

1. Fahrzeuge in Fahrt, die bestimmte entzündbare Stoffe nach ADN befördern, müssen außer den anderen nach dieser Verordnung vorgeschriebenen Bezeichnung folgende Bezeichnung nach ADN Unterabschnitt 7.1.5.0 oder 7.2.5.0 führen:

bei Nacht: ein blaues Licht;

bei Tag: einen blauen Kegel mit der Spitze nach unten.

Dieses Zeichen muss an einer geeigneten Stelle und so hoch geführt werden, dass es von allen Seiten sichtbar ist; anstelle des blauen Kegels kann auch je ein blauer Kegel auf dem Vor- und Hinterschiff in einer Höhe von mindestens 3,00 m über der Ebene der Einsenkungsmarken geführt werden.

2. Fahrzeuge in Fahrt, die bestimmte gesundheitsschädliche Stoffe nach ADN befördern, müssen außer der anderen nach dieser Verordnung vorgeschriebenen Bezeichnung folgende Bezeichnung nach ADN Unterabschnitt 7.1.5.0 oder 7.2.5.0 führen:

bei Nacht: zwei blaue Lichter;

bei Tag: zwei blaue Kegel mit der Spitze nach unten.

Diese Zeichen müssen übereinander in einem Abstand von etwa 1,00 m an einer geeigneten Stelle und so hoch geführt werden, dass sie von allen Seiten sichtbar sind; anstelle der zwei blauen Kegel können auch je zwei blaue Kegel auf dem Vorund Hinterschiff, von denen der untere in einer Höhe von mindestens 3,00 m über der Ebene der Einsenkungsmarken angebracht ist, geführt werden.

3. Fahrzeuge in Fahrt, die bestimmte explosive Stoffe nach ADN befördern, müssen außer der anderen nach dieser Verordnung vorgeschriebenen Bezeichnung folgende Bezeichnung nach ADN Unterabschnitt 7.1.5.0 oder 7.2.5.0 führen:

bei Nacht: drei blaue Lichter;

bei Tag: drei blaue Kegel mit der Spitze nach unten.

Diese Zeichen müssen übereinander in einem Abstand von jeweils etwa 1,00 m an einer geeigneten Stelle und so hoch geführt werden, dass sie von allen Seiten sichtbar sind.

4. Fährt oder fahren in einem Schubverband oder in einer Zusammenstellung gekuppelter Fahrzeuge ein Fahrzeug oder mehrere Fahrzeuge nach den Nummern 1, 2 oder 3, muss die Bezeichnung nach den Nummern 1, 2 oder 3 auf dem Fahrzeug geführt werden, das den Verband oder die Zusammenstellung fortbewegt.

5. Schubverbände, die durch zwei schiebende Fahrzeuge nebeneinander fortbewegt werden, müssen die Bezeichnung nach Nummer 4 auf dem steuerbordseitigen, schiebenden Fahrzeug führen.

6. Fahrzeuge, Schubverbände und gekuppelte Fahrzeuge, die verschiedene gefährliche Güter nach den Nummern 1, 2 oder 3 zusammen befördern, führen die Bezeichnung für das gefährliche Gut, das die größte Anzahl der blauen Lichter oder blauen Kegel erfordert

7. Fahrzeuge, die keine Bezeichnung nach Nummer 1, 2 oder 3 führen müssen, jedoch nach ADN Abschnitt 1.16.1 ein Zulassungszeugnis besitzen und die Sicherheitsbestimmungen einhalten, die für ein Fahrzeug nach Nummer 1 gelten, können bei der Annäherung an Schleusen die Bezeichnung nach Nummer 1 führen, wenn sie zusammen mit einem Fahrzeug geschleust werden wollen, das die Bezeichnung nach Nummer 1 führen muss.

8. Die Lichtstärke der in diesem Paragraphen vorgeschriebenen blauen Lichter muss mindestens derjenigen der gewöhnlichen blauen Lichter entsprechen.

§ 3.15 Bezeichnung der Fahrzeuge in Fahrt, die zur Beförderung von mehr als 12 Fahrgästen zugelassen sind und deren Schiffskörper eine Höchstlänge von weniger als 20,00 m aufweist

Fahrzeuge die zur Beförderung von mehr als 12 Fahrgästen zugelassen sind und deren Schiffskörper eine Höchstlänge von weniger als 20,00 m aufweist, müssen in Fahrt bei Tag führen:

einen gelben Doppelkegel an einer geeigneten Stelle und so hoch, dass er von allen Seiten sichtbar ist.

§ 3.16 Bezeichnung der Fähren in Fahrt

1. Nicht frei fahrende Fähren in Fahrt müssen bei Nacht führen:

   a. ein von allen Seiten sichtbares weißes helles Licht mindestens 5,00 m über der Ebene der Einsenkungsmarken; die Höhe darf jedoch verringert werden, wenn die Länge der Fähre 15,00 m nicht überschreitet;

   b. ein von allen Seiten sichtbares grünes helles Licht etwa 1,00 m über dem Licht nach Buchstabe a.

2. Bei Gierfähren am Längsseil in Fahrt muss bei Nacht der oberste Buchtnachen oder Döpper mit einem weißen hellen Licht mindestens 3,00 m über dem Wasser versehen sein.

3. Frei fahrende Fähren in Fahrt müssen bei Nacht führen:

   a. die Lichter nach Nummer 1;

   b. die Lichter nach § 3.08 Nummer 1 Buchstabe b und c.

§ 3.17 Zusätzliche Bezeichnung der Fahrzeuge in Fahrt, die einen Vorrang besitzen

Fahrzeuge, denen die zuständige Behörde zur Durchfahrt durch Stellen, an denen eine bestimmte Reihenfolge gilt, einen Vorrang eingeräumt hat, müssen in Fahrt außer der anderen nach dieser Verordnung vorgeschriebenen Bezeichnung bei Tag führen:

einen roten Wimpel auf dem Vorschiff und so hoch, dass er gut sichtbar ist.

§ 3.18 Zusätzliche Bezeichnung manövrierunfähiger Fahrzeuge in Fahrt

Ein manövrierunfähiges Fahrzeug in Fahrt muss erforderlichenfalls außer der anderen nach dieser Verordnung vorgeschriebenen Bezeichnung

bei Nacht: ein rotes Licht zeigen, das geschwenkt wird;

bei Tag: eine rote Flagge zeigen, die geschwenkt wird,

oder das vorgeschriebene Schallzeichen geben,

oder beides zugleich tun.

Die Flagge kann durch eine Tafel gleicher Farbe ersetzt werden.

§ 3.19 Bezeichnung der Schwimmkörper und schwimmenden Anlagen in Fahrt

Unbeschadet der besonderen Bedingungen, die nach § 1.21 festgelegt werden können, müssen Schwimmkörper und schwimmende Anlagen in Fahrt bei Nacht führen: von allen Seiten sichtbare weiße helle Lichter in genügender Zahl, um ihre Umrisse kenntlich zu machen.

Titel B: Bezeichnung beim Stillliegen

§ 3.20 Bezeichnung der Fahrzeuge beim Stillliegen

1. Mit Ausnahme der Kleinfahrzeuge und der in den §§ 3.22 und 3.25 genannten Fahrzeuge müssen alle Fahrzeuge beim Stillliegen bei Nacht führen:

ein von allen Seiten sichtbares weißes gewöhnliches Licht auf der Fahrwasserseite mindestens 3,00 m über der Ebene der Einsenkungsmarken.

Anstelle dieses Lichtes können auch zwei von allen Seiten sichtbare weiße gewöhnliche Lichter auf der Fahrwasserseite in gleicher Höhe auf dem Vor- und Hinterschiff gesetzt werden

2. Kleinfahrzeuge - mit Ausnahme der Beiboote - müssen beim Stillliegen bei Nacht führen: ein von allen Seiten sichtbares weißes gewöhnliches Licht auf der Fahrwasserseite.

3. Das in den Nummern 1 und 2 vorgeschriebene Licht braucht nicht geführt zu werden,

a. wenn das Fahrzeug zu einer Zusammenstellung von Fahrzeugen gehört, die voraussichtlich nicht vor dem Ende der Nacht aufgelöst wird und die Fahrzeuge dieser Zusammenstellung auf der Fahrwasserseite das Licht nach Nummer 1 führen;

b. wenn sich das Fahrzeug in vollem Umfang zwischen nicht überfluteten Buhnen befindet oder hinter einem aus dem Wasser ragenden Längswerk stillliegt;

c. wenn das Fahrzeug am Ufer stillliegt und von diesem aus hinreichend beleuchtet ist.

4. Sind Fahrzeuge an einer besonders dafür ausgewiesenen Stelle zusammengezogen, kann die zuständige Behörde in Sonderfällen einen Teil von ihnen von der Lichterführung nach Nummer 1 oder 2 befreien.

§ 3.21 Zusätzliche Bezeichnung stillliegender Fahrzeuge bei Beförderung bestimmter gefährlicher Güter

§ 3.14 gilt für die dort genannten Fahrzeuge, Schubverbände und gekuppelten Fahrzeuge auch beim Stillliegen.

§ 3.22 Bezeichnung der Fähren, die an ihrer Anlegestelle stillliegen

1. Nicht frei fahrende Fähren müssen bei Nacht beim Stillliegen an ihrer Anlegestelle die Lichter nach § 3.16 Nummer 1 führen. Außerdem muss bei Gierfähren am Längsseil bei Nacht der oberste Buchtnachen oder Döpper das Licht nach § 3.16 Nummer 2 führen.

2. Frei fahrende Fähren während des Betriebs bei Nacht müssen beim Stillliegen an ihrer Anlegestelle die Lichter nach § 3.16 Nummer 1 führen; sie dürfen außerdem die Lichter nach § 3.08 Nummer 1 Buchstabe b und c beibehalten.

Sie müssen das grüne Licht nach § 3.16 Nummer 1 Buchstabe b sowie die Lichter nach § 3.08 Nummer 1 Buchstabe b und c löschen, sobald sie nicht mehr in Betrieb sind.

§ 3.23 Bezeichnung der Schwimmkörper und schwimmenden Anlagen beim Stillliegen

Unbeschadet der besonderen Bedingungen, die nach § 1.21 festgelegt werden können, müssen Schwimmkörper und schwimmende Anlagen beim Stillliegen bei Nacht führen:

von allen Seiten sichtbare weiße gewöhnliche Lichter in genügender Zahl, um ihre Umrisse zur Fahrwasserseite hin kenntlich zu machen.

Die in Satz 1 vorgeschriebenen Lichter brauchen nicht geführt zu werden, wenn die Voraussetzungen des § 3.20 Nummer 3 Buchstabe b oder Buchstabe c erfüllt sind oder wenn die Schwimmkörper und schwimmenden Anlagen außerhalb der Fahrrinne an offensichtlich sicherer Stelle stillliegen.

§ 3.24 Bezeichnung bestimmter stillliegender Fischereifahrzeuge und der Netze oder Ausleger

Fischereifahrzeuge, Kleinfahrzeuge eingeschlossen, die ihre Netze oder Ausleger im Fahrwasser oder in dessen Nähe ausgelegt haben, müssen beim Stillliegen bei Nacht führen: das Licht nach § 3.20 Nummer 1. Außerdem müssen ihre Netze oder Ausleger bezeichnet sein:

bei Nacht: durch von allen Seiten sichtbare weiße gewöhnliche Lichter in ausreichender Zahl, um ihre Lage kenntlich zu machen;

bei Tag: durch gelbe Döpper in ausreichender Zahl, um ihre Lage kenntlich zu machen.

§ 3.25 Bezeichnung schwimmender Geräte bei der Arbeit sowie festgefahrener oder gesunkener Fahrzeuge

1. Schwimmende Geräte bei der Arbeit und Fahrzeuge, die im Fahrwasser Arbeiten, Peilungen oder Messungen ausführen und dabei stillliegen, müssen führen:

a. nach der Seite oder den Seiten, wo die Durchfahrt frei ist:

bei Nacht: zwei grüne gewöhnliche Lichter

bei Tag: entweder das Tafelzeichen E.1 (Anlage 7) oder zwei grüne Doppelkegel etwa 1,00 m übereinander und gegebenenfalls

b. nach der Seite, wo die Durchfahrt nicht frei ist:

bei Nacht: ein rotes gewöhnliches Licht oder ein rotes helles Licht in gleicher Höhe und von gleicher Stärke wie das nach Buchstabe a gezeigte oberste grüne Licht,

bei Tag: entweder das Tafelzeichen A.1 (Anlage 7) in gleicher Höhe wie das Tafelzeichen nach Buchstabe a

oder einen roten Ball in gleicher Höhe wie der oberste Doppelkegel nach Buchstabe a, oder, wenn diese Fahrzeuge gegen Wellenschlag geschützt werden müssen,

bei Nacht: ein rotes gewöhnliches und ein weißes gewöhnliches Licht oder ein rotes helles und ein weißes helles Licht, das rote Licht etwa 1,00 m über dem weißen,

bei Tag: eine Flagge, deren obere Hälfte rot und deren untere Hälfte weiß ist, oder zwei Flaggen übereinander, die obere rot, die untere weiß,

c. nach der Seite, wo die Durchfahrt nicht frei ist: bei Nacht: ein rotes Licht in gleicher Höhe und von gleicher Stärke wie das nach Buchstabe c gezeigte rote Licht, bei Tag: eine rote Flagge in gleicher Höhe wie die rot-weiße Flagge oder die rote Flagge auf der anderen Seite. Diese Zeichen sind so hoch zu setzen, dass sie von allen Seiten sichtbar sind. Die Flaggen können durch Tafeln gleicher Farbe ersetzt werden.

2. Festgefahrene oder gesunkene Fahrzeuge müssen die Bezeichnung nach Nummer 1 Buchstabe c und d führen. Liegt ein gesunkenes Fahrzeug so, dass die Zeichen nicht auf ihm angebracht werden können, müssen sie auf Nachen, Tonnen oder in anderer geeigneter Weise gesetzt werden.

3. Die zuständige Behörde kann von der Führung der Bezeichnung nach Nummer 1 Buchstabe a und b befreien.

§ 3.26 Zusätzliche Bezeichnung der Fahrzeuge, Schwimmkörper und schwimmenden Anlagen, deren Anker die Schifffahrt gefährden können, und ihrer Anker

1. Stillliegende Fahrzeuge, deren Anker so ausgeworfen sind, dass die Anker, Ankerkabel oder Ankerketten die Schifffahrt gefährden können, müssen außer den anderen nach dieser Verordnung vorgeschriebenen Lichtern bei Nacht führen:

ein von allen Seiten sichtbares zusätzliches weißes gewöhnliches Licht etwa 1,00 m unter dem Licht nach § 3.20 Nummer 1 oder, wenn zwei Stillliegelichter gesetzt sind, unter dem Licht, das dem Anker am nächsten liegt.

2. Wenn in den Fällen des § 3.23 die Anker so ausgeworfen sind, dass sie die Schifffahrt gefährden können, muss das diesen Ankern nächstgelegene Licht ersetzt werden durch zwei von allen Seiten sichtbare weiße gewöhnliche Lichter, die in einem Abstand von etwa 1,00 m übereinander angebracht sind.

3. In den Fällen der Nummern 1 und 2 ist jeder dieser Anker bei Nacht und bei Tag mit einem gelben Döpper mit Radarreflektor zu bezeichnen.

4. Wenn die Anker, Ankerkabel oder Ankerketten schwimmender Geräte die Schifffahrt gefährden können, sind sie zu bezeichnen:

bei Nacht: durch einen Döpper mit Radarreflektor und einem von allen Seiten sichtbaren weißen gewöhnlichen Licht,

bei Tag: durch einen gelben Döpper mit Radarreflektor.

Abschnitt III: Sonstige Bezeichnung (§ 3.27 bis § 3.34)

§ 3.27 Bezeichnung der Fahrzeuge der Überwachungsbehörden

Fahrzeuge der Überwachungsbehörden können bei Nacht und bei Tag ein blaues Funkellicht zeigen, um sich kenntlich zu machen. Dies gilt auch für Feuerlöschboote, wenn sie zur Hilfeleistung eingesetzt werden, und für Wasserrettungsfahrzeuge im Rettungseinsatz mit allgemeiner Erlaubnis der zuständigen Behörde.

§ 3.28 Zusätzliche Bezeichnung der Sondertransporte sowie der Fahrzeuge und schwimmenden Geräte, die Arbeiten im Fahrwasser ausführen

Sondertransporte sowie Fahrzeuge und schwimmende Geräte, die im Fahrwasser Arbeiten, Peilungen oder Messungen ausführen, können, um auf sich aufmerksam zu machen, mit Erlaubnis der zuständigen Behörde bei Nacht und bei Tag außer der anderen nach dieser Verordnung vorgeschriebenen Bezeichnung zeigen:

ein von allen Seiten sichtbares gelbes gewöhnliches Funkellicht oder ein von allen Seiten sichtbares gelbes helles Funkellicht.

§ 3.29 Schutz gegen Wellenschlag

1. In Fahrt befindliche oder stillliegende Fahrzeuge, Schwimmkörper und schwimmende Anlagen, die gegen Wellenschlag vorbeifahrender Fahrzeuge oder Schwimmkörper geschützt werden wollen, können außer ihrer Bezeichnung nach diesem Kapitel führen:

bei Nacht: ein rotes gewöhnliches und ein weißes gewöhnliches Licht oder ein rotes helles und ein weißes helles Licht, das rote Licht etwa 1,00 m über dem weißen, an einer Stelle, an der sie gut gesehen und nicht mit anderen Lichtern verwechselt werden können;

bei Tag: eine Flagge, deren obere Hälfte rot und deren untere Hälfte weiß ist, an einer geeigneten Stelle und so hoch, dass sie von allen Seiten sichtbar ist. Die Flagge kann durch zwei Flaggen übereinander, die obere rot, die untere weiß, ersetzt werden.

Die Flaggen können durch Tafeln gleicher Farbe ersetzt werden.

2. Von der Bezeichnung nach Nummer 1 dürfen nur Gebrauch machen:

   a. Fahrzeuge, Schwimmkörper und schwimmende Anlagen, die schwer beschädigt sind oder die sich an Rettungsarbeiten beteiligen sowie manövrierunfähige Fahrzeuge;

b. Fahrzeuge, Schwimmkörper und schwimmende Anlagen mit schriftlicher Erlaubnis der zuständigen Behörde.

Die §§ 3.25 und 3.28 bleiben unberührt.

§ 3.30 Notzeichen

1. Ein in Not befindliches Fahrzeug, das Hilfe durch Sichtzeichen herbeirufen will, kann zeigen:

bei Nacht: ein Licht, das im Kreis geschwenkt wird;

bei Tag: eine rote Flagge, die im Kreis geschwenkt wird, oder einen sonstigen geeigneten Gegenstand, der im Kreis geschwenkt wird.

2. Diese Zeichen ersetzen oder ergänzen die Schallzeichen nach § 4.04.

§ 3.31 Hinweis auf das Verbot, das Fahrzeug zu betreten

1. Sofern es nicht an Bord beschäftigten Personen durch andere Vorschriften verboten ist, das Fahrzeug zu betreten, muss dieses Verbot angezeigt werden durch

runde weiße Symbole mit rotem Rand, rotem Schrägstrich und einem schwarzen Sinnbild der abwehrenden Hand.

Die Symbole sind je nach Bedarf an Bord oder am Laufsteg aufzustellen. Ihr Durchmesser muss etwa 0,60 m betragen.

2. Die Symbole müssen erforderlichenfalls beleuchtet werden, damit sie bei Nacht deutlich sichtbar sind.

3. Die Symbole, die nach der am 31. August 2012 gültigen Fassung der Moselschifffahrtspolizeiverordnung vorgeschrieben waren, dürfen bis zum 31. August 2016 verwendet werden.

§ 3.32 Hinweis auf das Verbot zu rauchen, ungeschütztes Licht oder Feuer zu verwenden

1. Sofern es durch andere Vorschriften verboten ist, an Bord

   a. zu rauchen,

   b. ungeschütztes Licht oder Feuer zu verwenden,

muss dieses Verbot angezeigt werden durch

runde weiße Symbole mit rotem Rand und rotem Schrägstrich, auf denen ein brennendes Streichholz abgebildet ist.

Die Symbole sind je nach Bedarf an Bord oder am Laufsteg aufzustellen. Ihr Durchmesser muss etwa 0,60 m betragen.

2. Die Symbole müssen erforderlichenfalls beleuchtet werden, damit sie bei Nacht deutlich sichtbar sind.

3. Die Symbole, die nach der am 31. August 2012 gültigen Fassung der Moselschifffahrtspolizeiverordnung vorgeschrieben waren, dürfen bis zum 31. August 2016 verwendet werden.

§ 3.33 Hinweis auf das Verbot des Stillliegens nebeneinander

1. Sofern das seitliche Stillliegen in der Nähe eines Fahrzeugs zum Beispiel wegen der Art seiner Ladung durch andere Vorschriften oder durch besondere Anordnungen der zuständigen Behörde verboten ist, muss dieses Fahrzeug an Deck in der Längsebene führen:

eine quadratische Tafel, darunter eine dreieckige Zusatztafel.

Die quadratische Tafel ist auf beiden Seiten weiß mit rotem Rand und trägt einen roten Schrägstrich von links oben nach rechts unten und ein schwarzes "P" im Mittelfeld. Die dreieckige Zusatztafel ist auf beiden Seiten weiß und zeigt in schwarzen Zahlen die Entfernung in Metern an, innerhalb derer das Stillliegen verboten ist.

2. Bei Nacht müssen die Tafeln so beleuchtet sein, dass sie an beiden Seiten des Fahrzeugs deutlich sichtbar sind.

3. Dieser Paragraf gilt nicht für die in § 3.21 genannten Fahrzeuge, Schubverbände und gekuppelten Fahrzeuge.

§ 3.34 Zusätzliche Bezeichnung der Fahrzeuge beim Einsatz von Tauchern

Fahrzeuge, die für den Einsatz von Tauchern verwendet werden, müssen zusätzlich zu ihrer Bezeichnung auf Grund anderer Bestimmungen dieser Verordnung führen:

eine mindestens 1,00 m hohe, starre Nachbildung des Buchstabensignals "A" des Internationalen Signalbuches an geeigneter Stelle und so hoch, dass sie bei Tag und bei Nacht von allen Seiten sichtbar ist.

Kapitel 4 Schallzeichen der Fahrzeuge; Sprechfunk; Informations- und Navigationsgeräte (§ 4.01 bis § 4.07)

Abschnitt I: Schallzeichen (§ 4.01 bis § 4.04)

§ 4.01 Allgemeines

1. Soweit in dieser Verordnung Schallzeichen vorgesehen sind und nicht die Verwendung der Glocke vorgeschrieben ist, müssen sie wie folgt gegeben werden:

   a. auf Fahrzeugen mit Maschinenantrieb, ausgenommen Kleinfahrzeuge, mittels mechanisch betriebener Schallgeräte, die genügend hoch angebracht sind, dass sich der Schall nach vorn und möglichst auch nach hinten frei ausbreiten kann;

   b. auf Fahrzeugen ohne Maschinenantrieb und auf Kleinfahrzeugen mittels eines Schallgeräts, einer geeigneten Hupe oder eines geeigneten Horns.

2. Auf Fahrzeugen mit Maschinenantrieb müssen gleichzeitig mit den Schallzeichen gleich lange Lichtzeichen gegeben werden, die gelb, hell und von allen Seiten sichtbar sein müssen. Dies gilt nicht für Kleinfahrzeuge sowie für Glockenzeichen.

3. Fahren Fahrzeuge in einem Verband, sind die vorgeschriebenen Schallzeichen nur von dem Fahrzeug zu geben, auf dem sich der Führer des Verbandes befindet, bei Schleppverbänden von dem motorisierten Fahrzeug an der Spitze des Verbandes.

4. Eine Gruppe von Glockenschlägen muss etwa vier Sekunden dauern. Sie kann durch Schläge von Metall auf Metall gleicher Dauer ersetzt werden.

§ 4.02 Gebrauch der Schallzeichen

1. Vorbehaltlich anderer Bestimmungen dieser Verordnung muss jedes Fahrzeug - mit Ausnahme der Kleinfahrzeuge - erforderlichenfalls die Zeichen nach Anlage 6 geben.

2. Kleinfahrzeuge können erforderlichenfalls die allgemeinen Zeichen nach Abschnitt A der Anlage 6 geben.

§ 4.03 Verbotene Schallzeichen

1. Vorbehaltlich anderer Bestimmungen dieser Verordnung muss jedes Fahrzeug - mit Ausnahme der Kleinfahrzeuge - erforderlichenfalls die Zeichen nach Anlage 6 geben.

2. Kleinfahrzeuge können erforderlichenfalls die allgemeinen Zeichen nach Abschnitt A der Anlage 6 geben.

§ 4.04 Notzeichen

1. Ein Fahrzeug, das Hilfe durch Schallzeichen herbeirufen will (Fahrzeug in Not, Mann über Bord usw.) kann entweder mit der Glocke läuten oder lange Töne wiederholt abgeben.

2. Diese Schallzeichen ersetzen oder ergänzen die Sichtzeichen nach § 3.30.

Abschnitt II: Sprechfunk (§ 4.05)

§ 4.05 Sprechfunk

1. Jede Schiffsfunkstelle an Bord eines Fahrzeugs oder einer schwimmenden Anlage muss entsprechend den Bestimmungen des Handbuchs Binnenschifffahrtsfunk ausgerüstet und betrieben werden. Bei Sprechfunkverkehr zwischen Schiffsfunkstellen ist die Sprache des Landes zu verwenden, in dem sich die Schiffsfunkstelle befindet, die das Funkgespräch beginnt. Bei Sprechfunkverkehr zwischen Schiffsfunkstellen und Funkstellen an Land ist die Sprache des Landes zu benutzen, in dem sich die Funkstelle an Land befindet. Bei Verständigungsschwierigkeiten im Sprechfunkverkehr zwischen den Schiffsfunkstellen ist die deutsche Sprache zu benutzen.

2. Fahrzeuge mit Maschinenantrieb, ausgenommen Kleinfahrzeuge, Fähren und schwimmende Geräte, dürfen nur fahren, wenn sie mit zwei betriebssicheren Sprechfunkanlagen ausgerüstet sind. Während der Fahrt müssen die Sprechfunkanlagen in den Verkehrskreisen Schiff-Schiff und Nautische Information ständig sende- und empfangsbereit sein. Der Verkehrskreis Nautische Information darf nur zur Übermittlung oder zum Empfang von Nachrichten auf anderen Kanälen kurzfristig verlassen werden.

3. Fähren und schwimmende Geräte mit Maschinenantrieb dürfen nur fahren, wenn sie mit einer betriebssicheren Sprechfunkanlage ausgerüstet sind. Während der Fahrt muss die Sprechfunkanlage im Verkehrskreis Schiff-Schiff ständig sende- und empfangsbereit sein. Dieser Verkehrskreis darf nur zur Übermittlung oder zum Empfang von Nachrichten auf anderen Kanälen kurzfristig verlassen werden. Satz 1 und 2 gelten auch während des Betriebes.

4. Jedes mit einer Sprechfunkanlage ausgerüstete Fahrzeug muss sich auf Kanal 10 vor der Einfahrt in unübersichtliche Strecken, Fahrwasserengen oder Brückenöffnungen melden. Es muss auf den für die Verkehrskreise Schiff-Schiff und Nautische Information zugewiesenen Kanälen die für die Sicherheit der Schifffahrt notwendigen Nachrichten geben.

5. Das Tafelzeichen B.11 (Anlage 7) weist auf eine von der zuständigen Behörde festgelegte Verpflichtung hin, Sprechfunk zu benutzen.

Abschnitt III: Informations- und Navigationsgeräte (§ 4.06 bis § 4.07)

§ 4.06 Radar

1. Fahrzeuge dürfen nur dann Radar benutzen, wenn

   a. sie mit einem Radargerät und einem Gerät zur Anzeige der Wendegeschwindigkeit des Fahrzeuges nach § 7.06 Nummer 1 ES-TRIN ausgerüstet sind. Das gilt auch für Inland ECDIS Geräte, die unter Verwendung von Inland ECDIS beim Steuern des Fahrzeugs mit überlagertem Radarbild betrieben werden können (Navigationsmodus). Die Geräte müssen in gutem Betriebszustand sein und einem von der zuständigen Behörde eines Rheinuferstaates oder Belgiens für den Rhein zugelassenen Baumuster entsprechen. Nicht frei fahrende Fähren brauchen jedoch nicht mit einem Gerät zur Anzeige der Wendegeschwindigkeit ausgerüstet zu sein;

b. sich an Bord eine Person befindet, die ein nach der Verordnung über das Schiffspersonal auf dem Rhein erteiltes oder als gleichwertig anerkanntes Radarzeugnis besitzt; bei guter Sicht kann jedoch Radar zu Übungszwecken verwendet werden, auch wenn sich eine solche Person nicht an Bord befindet.

2. Bei Schubverbänden und gekuppelten Fahrzeugen gilt die Nummer 1 nur für das Fahrzeug, auf dem sich der Führer des Verbandes oder der gekuppelten Fahrzeuge befindet.

3. Kleinfahrzeuge, die Radar nutzen, müssen zusätzlich mit einer in einem guten Betriebszustand befindlichen und auf Empfang geschalteten Sprechfunkanlage für den Verkehrskreis Schiff-Schiff ausgerüstet sein.

§ 4.07 Inland AIS und Inland ECDIS

1. Fahrzeuge müssen mit einem Inland AIS Gerät nach Artikel 7.06 Nummer 3 ES-TRIN ausgerüstet sein. Das Inland AIS Gerät muss in einem guten Betriebszustand sein. Satz 1 gilt nicht für folgende Fahrzeuge

a. Fahrzeuge von Schubverbänden und gekuppelten Fahrzeugen, ausgenommen das Fahrzeug, das die Hauptantriebskraft stellt,

b. Kleinfahrzeuge, ausgenommen Polizeifahrzeuge, die mit einem Radargerät ausgerüstet sind, und Fahrzeuge, die ein Schiffsattest nach der Rheinschiffsuntersuchungsordnung oder ein nach dieser Verordnung als gleichwertig anerkanntes Zeugnis besitzen,

c. Schubleichter ohne eigenen Antrieb,

d. schwimmende Geräte ohne eigenen Antrieb.

2. Das Inland AIS Gerät muss folgende Anforderungen erfüllen: a. das Inland AIS Gerät muss ständig eingeschaltet sein; b. das Inland AIS Gerät muss mit maximaler Leistung senden; dies gilt nicht für Tankschiffe mit dem Navigationsstatus "festgemacht"; c. es darf immer nur ein Inland AIS Gerät an Bord eines Fahrzeugs oder Verbands im Sendebetrieb sein; d. die eingegebenen Daten des im Sendebetrieb befindlichen Inland AIS Geräts müssen zu jedem Zeitpunkt den tatsächlichen Daten des Fahrzeugs oder Verbands entsprechen; 2a. Nummer 2 Buchstabe a gilt nicht a. wenn die zuständige Behörde eine Ausnahme für Wasserflächen, die von der Fahrrinne baulich getrennt sind, gewährt hat b. für Fahrzeuge der Polizei, wenn die Übermittlung von AIS Daten die Erfüllung polizeilicher Aufgaben gefährden würde.

3. Fahrzeuge, die mit einem Inland AIS Gerät ausgerüstet sein müssen, ausgenommen Fähren, müssen zusätzlich mit einem Inland ECDIS Gerät im Informationsmodus, das mit dem Inland AIS Gerät verbunden sein muss, ausgestattet sein und dieses zusammen mit einer aktuellen elektronischen Binnenschifffahrtskarte nutzen. Hinsichtlich der Mindestanforderungen an Inland ECDIS Geräte im Informationsmodus und an elektronische Binnenschifffahrtskarten gilt § 4.07 Nummer 3 Satz 2 der Rheinschifffahrtspolizeiverordnung in der zum 01. Dezember 2014 anzuwendenden Fassung entsprechend.

4. Es müssen folgende Daten gemäß Kapitel 2 des Standards Schiffsverfolgung und -aufspürung in der Binnenschifffahrt übermittelt werden:

a. User Identifier (Maritime Mobile Service Identity, MMSI);

b. Schiffsname;

c. Fahrzeug- oder Verbandstyp gemäß dem Standard Schiffsverfolgung und Aufsprüfung in der Binnenschifffahrt;

d. einheitliche europäische Schiffsnummer (ENI), oder, für die Seeschiffe sofern keine ENI erteilt wurde, die IMO Nummer;

e. Länge über alles des Fahrzeugs bzw. Verbandes mit einer Genauigkeit von 0,1 m;

f. Breite über alles des Fahrzeugs bzw. Verbandes mit einer Genauigkeit von 0,1 m;

g. Position (WGS 84);

h. Geschwindigkeit über Grund;

i. Kurs über Grund;

j. Zeitangabe der elektronischen Positionsermittlung;

k. Navigationsstatus gemäß Anlage 11;

l. Bezugspunkt der Positionsinformation auf dem Fahrzeug mit einer Genauigkeit von 1 m gemäß Anlage 11;

m. Rufzeichen.

5. Der Schiffsführer muss folgende Daten bei Änderungen umgehend aktualisieren:

a. Länge über alles mit einer Genauigkeit von 0,1 m gemäß Anlage 11;

b. Breite über alles mit einer Genauigkeit von 0,1 m gemäß Anlage 11;

c. Fahrzeug- oder Verbandstyp gemäß dem Standard Schiffsverfolgung und Aufsprüfung in der Binnenschifffahrt;

d. Navigatonsstatus gemäß Anlage 11;

e. Bezugspunkt der Positionsinformation auf dem Fahrzeug mit einer Genauigkeit von 1 m gemäß Anlage 11.

6. Kleinfahrzeuge, die AIS nutzen, dürfen nur ein Inland AIS Gerät nach Artikel 7.06 Nummer 3 ES-TRIN, ein nach den Vorschriften der IMO typzugelassenes AIS Gerät der Klasse A oder ein AIS Gerät der Klasse B verwenden. AIS Geräte der Klasse B müssen den einschlägigen Anforderungen der Empfehlung ITU-R M.1371, der Richtlinie 2014/53/EU des Europäischen Parlaments und des Rates

vom 16. April 2014 über die Harmonisierung der Rechtsvorschriften der Mitgliedstaaten über die Bereitstellung von Funkanlagen auf dem Markt und zur Aufhebung der Richtlinie 1999/5/EG und der internationalen Norm IEC 62287-1 und 2 (einschließlich DSC Kanalmanagement) entsprechen. Das AIS Gerät muss in einem guten Betriebszustand sein und die in das AIS-Gerät eingegebenen Daten müssen zu jedem Zeitpunkt den tatsächlichen Daten des Fahrzeugs oder Verbands entsprechen.

7. Kleinfahrzeuge, denen keine einheitliche europäische Schiffsnummer (ENI) erteilt wurde, brauchen die Daten nach Nummer 4 Buchstabe d nicht zu übermitteln.

8. Kleinfahrzeuge, die AIS nutzen, müssen zusätzlich mit einer in einem guten Betriebszustand befindlichen und auf Empfang geschalteten Sprechfunkanlage für den Verkehrskreis Schiff-Schiff ausgerüstet sein.

Kapitel 5 Schifffahrtszeichen und Bezeichnung der Wasserstraße (§ 5.01 bis § 5.02)

§ 5.01 Schifffahrtszeichen

1. Anlage 7 bestimmt die Schifffahrtszeichen für Verbote, Gebote, Beschränkungen, Empfehlungen und Hinweise, die von den zuständigen Behörden im Interesse der Sicherheit und Leichtigkeit der Schifffahrt aufgestellt werden. Gleichzeitig ist dort die Bedeutung dieser Zeichen angegeben.

2. Unbeschadet der anderen Bestimmungen dieser Verordnung haben die Schiffsführer die Anordnungen zu befolgen sowie auf die Empfehlungen und Hinweise zu achten, die ihnen durch die auf der Wasserstraße oder an ihren Ufern angebrachten Zeichen nach Nummer 1 erteilt werden.

§ 5.02 Bezeichnung der Wasserstraße

1. Anlage 8 enthält die Schifffahrtszeichen, die ausgelegt oder aufgestellt werden können, um die Schifffahrt zu erleichtern. Sie führt auf, unter welchen Voraussetzungen die verschiedenen Schifffahrtszeichen verwendet werden.

2. Anlage 8 bestimmt zudem die Schifffahrtszeichen für die Bezeichnung von vorübergehend bestehenden gefährlichen Stellen und Hindernissen.

Kapitel 6 Fahrregeln (§ 6.01 bis § 6.34)

Abschnitt I: Allgemeines (§ 6.01 bis § 6.02a)

§ 6.01 Fahrt unter Segel

Fahrzeuge unter Segel - ausgenommen Kleinfahrzeuge - dürfen nur bei Tag und mit Erlaubnis der zuständigen Behörde fahren.

§ 6.02 Gegenseitiges Verhalten von Kleinfahrzeugen und anderen Fahrzeugen

1. Einzeln fahrende Kleinfahrzeuge sowie Schleppverbände und gekuppelte Fahrzeuge, die ausschließlich aus Kleinfahrzeugen bestehen, müssen allen übrigen Fahrzeugen den für deren Kurs und zum Manövrieren notwendigen Raum lassen; sie können nicht verlangen, dass diese ihnen ausweichen.

2. Die §§ 6.04, 6.05, 6.07, 6.08 Nummer 1, §§ 6.10, 6.11 und 6.12, mit Ausnahme von Tafelzeichen B.1, gelten weder für Kleinfahrzeuge, Schleppverbände und gekuppelte Fahrzeuge nach Nummer 1 noch sind sie ihnen gegenüber anzuwenden. Fahrzeuge, die nicht Kleinfahrzeuge sind, brauchen § 6.09 Nummer 2, §§ 6.13, 6.14 und 6.16 nicht gegenüber Kleinfahrzeugen, Schleppverbänden und gekuppelten Fahrzeugen nach Nummer 1 anzuwenden.

§ 6.02a Besondere Fahrregeln für Kleinfahrzeuge

1. Kleinfahrzeuge mit Maschinenantrieb müssen Kleinfahrzeugen ohne Maschinenantrieb ausweichen.

2. Kleinfahrzeuge, die weder mit einer Antriebsmaschine noch unter Segel fahren, müssen unter Segel fahrenden Kleinfahrzeugen ausweichen.

3. Zwei Kleinfahrzeuge mit Maschinenantrieb, deren Kurse sich derart kreuzen, dass die Gefahr eines Zusammenstoßes besteht, müssen einander wie folgt ausweichen:

a. wenn sie sich auf entgegengesetzten oder fast entgegengesetzten Kursen nähern, muss jedes seinen Kurs nach Steuerbord so ändern, dass es an der Backbordseite des anderen vorbeifährt;

b. wenn sich ihre Kurse kreuzen, muss dasjenige ausweichen, welches das andere an seiner Steuerbordseite hat; die §§ 6.13, 6.14 und 6.16 werden dadurch nicht berührt.

4. Zwei Kleinfahrzeuge unter Segel, deren Kurse sich derart kreuzen, dass die Gefahr eines Zusammenstoßes besteht, müssen einander wie folgt ausweichen:

a. wenn sie den Wind nicht von derselben Seite haben, muss das Fahrzeug, das den Wind von Backbord hat, dem anderen ausweichen;

b. wenn sie den Wind von derselben Seite haben, muss das luvseitige Fahrzeug dem leeseitigen Fahrzeug ausweichen;

c. wenn ein Fahrzeug mit Wind von Backbord ein Fahrzeug in Luv sichtet und nicht mit Sicherheit feststellen kann, ob das andere Fahrzeug den Wind von Backbord oder von Steuerbord hat, muss es dem anderen ausweichen.

Ein unter Segel fahrendes Kleinfahrzeug überholt ein anderes unter Segel fahrendes Kleinfahrzeug auf der Luvseite. Luvseite ist diejenige Seite, die dem gesetzten Großsegel gegenüber liegt.

5. Ein unter Segel fahrendes Kleinfahrzeug am Wind darf nicht derart kreuzen, dass es ein anderes Kleinfahrzeug, das das an seiner Steuerbordseite gelegene Ufer anhält, zum Ausweichen zwingt.

6. Unbeschadet der §§ 1.04, 1.06, 6.20 und 8.01a müssen Kleinfahrzeuge mit Maschinenantrieb vor Badeufern und Zeltplätzen ihre Geschwindigkeit rechtzeitig vermindern, jedoch nicht unter das Maß ihrer Steuerfähigkeit, so dass Personen im oder auf dem Wasser nicht gefährdet werden. Durch die Fahrweise der Kleinfahrzeuge darf kein anderer gefährdet oder mehr als nach den Umständen unvermeidbar behindert oder belästigt werden.

7. Unbeschadet ergänzender Vorschriften der Moseluferstaaten und außerhalb der durch das Tafelzeichen E.22 freigegebenen Wasserflächen müssen Wassermotorräder einen klar erkennbaren Geradeauskurs einhalten. Im Bereich zwischen Mosel-km 205,88 (Sauermündung) bis Mosel-km 242,20 (deutsch-französische Grenze) ist das Fahren mit Wassermotorrädern verboten. Dieses Verbot gilt nicht, wenn folgende Voraussetzungen erfüllt sind:

a. Das Fahren findet ausschließlich statt in der Zeit von 10.00 Uhr bis 12.00 Uhr und von 14.00 Uhr bis 16.00 Uhr und nur bei Wetter mit einer Sicht von mehr als 1 000 m;

b. es muss ein klar erkennbarer Geradeauskurs eingehalten werden. Das Hin- und Herfahren sowie das Figurenfahren sind verboten;

c. es muss durch entsprechende technische Einrichtungen sichergestellt sein, dass sich im Fall des Überbordgehens des Fahrzeugführers der Motor automatisch abschaltet oder automatisch auf kleinste Fahrtstufe zurückschaltet und dann das Wassermotorrad eine Kreisbahn einschlägt;

d. der Fahrzeugführer und die Begleitpersonen müssen Schwimmhilfen tragen, die mindestens den Anforderungen nach DIN EN 393 entsprechen oder in anderer Weise einen Auftrieb von mindestens 50 N (Newton) gewährleisten.

Abschnitt II: Begegnen und Überholen (§ 6.03 bis § 6.11)

§ 6.03 Allgemeine Grundsätze

1. Das Begegnen oder Überholen ist nur gestattet, wenn das Fahrwasser unter Berücksichtigung aller örtlichen Umstände und des übrigen Verkehrs hinreichenden Raum für die Vorbeifahrt gewährt.

2. Fahren Fahrzeuge in einem Verband, sind die nach den §§ 3.17, 6.04 und 6.10 vorgeschriebenen Zeichen nur von dem Fahrzeug zu zeigen oder zu geben, auf dem sich der Führer des Verbandes

befindet, bei Schleppverbänden von dem motorisierten Fahrzeug an der Spitze des Verbandes.

3. Beim Begegnen oder Überholen dürfen Fahrzeuge, deren Kurse jede Gefahr eines Zusammenstoßes ausschließen, ihren Kurs oder ihre Geschwindigkeit nicht in einer Weise ändern, die die Gefahr eines Zusammenstoßes herbeiführen könnte.

§ 6.04 Begegnen: Grundregeln

1. Beim Begegnen müssen die Bergfahrer unter Berücksichtigung der örtlichen Umstände und des übrigen Verkehrs den Talfahrern einen geeigneten Weg frei lassen.

2. Bergfahrer, die Talfahrer an Backbord vorbeifahren lassen, geben kein Zeichen.

3. Bergfahrer, die Talfahrer an Steuerbord vorbeifahren lassen, müssen rechtzeitig nach Steuerbord zeigen:

a. bei Nacht: ein weißes helles Funkellicht, das auch mit einer hellblauen Tafel gekoppelt sein darf,

b. bei Tag: eine hellblaue Tafel, die mit einem weißen hellen Funkellicht gekoppelt ist.

Die hellblaue Tafel muss einen weißen Rand von mindestens 5 cm Breite haben, Rahmen und Gestänge sowie die Leuchte des Funkellichtes dürfen nur von dunkler Farbe sein. Diese Zeichen müssen von vorn und von hinten sichtbar sein und bis zur Beendigung der Vorbeifahrt gezeigt werden. Sie dürfen nicht länger beibehalten werden, es sei denn, dass die Bergfahrer ihre Absicht anzeigen wollen, auch weiterhin Talfahrer an Steuerbord vorbeifahren zu lassen.

4. Ist zu befürchten, dass die Absicht der Bergfahrer von den Talfahrern nicht verstanden worden ist, müssen die Bergfahrer folgende Zeichen geben:

"einen kurzen Ton", wenn die Vorbeifahrt an Backbord stattfinden soll, oder

"zwei kurze Töne", wenn die Vorbeifahrt an Steuerbord stattfinden soll.

5. Unbeschadet des § 6.05 müssen die Talfahrer den Weg nehmen, den ihnen die Bergfahrer nach den vorstehenden Bestimmungen weisen; sie müssen die Sichtzeichen nach Nummer 3 und die Schallzeichen nach Nummer 4 erwidern, die die Bergfahrer an sie gerichtet haben.

§ 6.05 Begegnen: Ausnahmen von den Grundregeln

1. Abweichend von § 6.04 können

a. zu Tal fahrende Fahrgastschiffe, die einen regelmäßigen Dienst versehen und deren höchstzulässige Fahrgastzahl mindestens 300 Personen beträgt, wenn sie an einer Landebrücke anlegen wollen, die an dem von den Bergfahrern gehaltenen Ufer liegt,

b. zu Tal fahrende Schleppverbände, die zum Zwecke des Aufdrehens ein bestimmtes Ufer halten wollen,

von den Bergfahrern verlangen, ihnen einen anderen Weg frei zu lassen, wenn der nach § 6.04 gewiesene Weg für sie nicht geeignet ist. Sie dürfen dies jedoch nur, nachdem sie sich vergewissert haben, dass ihrem Verlangen ohne Gefahr entsprochen werden kann.

2. In den Fällen der Nummer 1 müssen die Talfahrer rechtzeitig folgende Zeichen geben:

"einen kurzen Ton", wenn die Vorbeifahrt an Backbord stattfinden soll,

"zwei kurze Töne" und außerdem die Sichtzeichen nach § 6.04 Nummer 3, wenn die Vorbeifahrt an Steuerbord stattfinden soll.

3. Die Bergfahrer müssen dem Verlangen der Talfahrer entsprechen und dies wie folgt bestätigen:

soll die Vorbeifahrt an Backbord stattfinden, müssen sie "einen kurzen Ton" geben und außerdem die Sichtzeichen nach § 6.04 Nummer 3 entfernen;

soll die Vorbeifahrt an Steuerbord stattfinden, müssen sie "zwei kurze Töne" und außerdem die Sichtzeichen nach § 6.04 Nummer 3 geben.

4. Ist zu befürchten, dass die Absichten der Talfahrer von den Bergfahrern nicht verstanden worden sind, müssen die Talfahrer die Schallzeichen nach Nummer 2 wiederholen.

§ 6.06 (ohne Inhalt)

§ 6.07 Begegnen im engen Fahrwasser

1. Um nach Möglichkeit ein Begegnen auf Strecken oder an Stellen zu vermeiden, wo das Fahrwasser keinen hinreichenden Raum für die Vorbeifahrt gewährt (Fahrwassserengen), gilt folgendes:

a. alle Fahrzeuge müssen die Fahrwasserengen in möglichst kurzer Zeit durchfahren, wobei jedoch das Überholen verboten ist;

b. bei beschränkter Sicht müssen alle Fahrzeuge, bevor sie in eine Fahrwasserenge hineinfahren,

"einen langen Ton" geben; sie müssen erforderlichenfalls, besonders wenn die Enge lang ist, das Schallzeichen während der Durchfahrt wiederholen;

c. Bergfahrer müssen, wenn sie feststellen, dass ein Talfahrer im Begriff ist, in eine Fahrwasserenge hineinzufahren, unterhalb der Enge anhalten, bis der Talfahrer sie durchfahren hat;

d. Talfahrer müssen, wenn ein Verband bereits zu Berg in eine Fahrwasserenge hineingefahren ist, soweit möglich oberhalb der Enge verbleiben, bis die Bergfahrer sie durchfahren haben; die gleiche Verpflichtung haben einzeln zu Tal fahrende Fahrzeuge gegenüber einzeln zu Berg fahrenden Fahrzeugen.

2. Ist das Begegnen in einer Fahrwasserenge unvermeidlich, müssen die Fahrzeuge alle möglichen Maßnahmen treffen, damit das Begegnen an einer Stelle und unter Bedingungen stattfindet, die eine möglichst geringe Gefahr in sich schließen.

§ 6.08 Durch Schifffahrtszeichen verbotenes Begegnen

1. Auf Strecken, deren Grenzen durch das Tafelzeichen A.4 Anlage 7) gekennzeichnet sind, ist das Begegnen und Überholen verboten. Das Verbot nach Satz 1 kann auf Fahrzeuge und Verbände ab einer bestimmten Länge oder Breite beschränkt werden; in diesem Fall werden die Länge oder Breite auf einer rechteckigen weißen zusätzlichen Tafel angegeben, die unterhalb des Tafelzeichens A.4 angebracht ist. Im Übrigen gelten die Regelungen des § 6.07 Nummer 1 entsprechend.

2. Wenn die zuständige Behörde auf einer bestimmten Strecke das Begegnen dadurch ausschließt, dass sie die Durchfahrt jeweils nur in einer Richtung gestattet, bedeutet

ein allgemeines Zeichen A.1 (Anlage 7): keine Durchfahrt,

ein allgemeines Zeichen E.1 (Anlage 7): Durchfahrt frei.

Je nach den örtlichen Umständen kann das Zeichen, das die Durchfahrt verbietet, durch das als Vorwarnzeichen verwendete Tafelzeichen B.8 (Anlage 7) angekündigt werden.

§ 6.09 Überholen: Allgemeine Bestimmungen

1. Das Überholen ist nur gestattet, nachdem sich der Überholende vergewissert hat, dass dieses Manöver ohne Gefahr ausgeführt werden kann.

2. Der Vorausfahrende muss das Überholen, soweit dies notwendig und möglich ist, erleichtern. Er muss nötigenfalls seine

Geschwindigkeit vermindern, damit das Überholmanöver gefahrlos und so schnell ausgeführt werden kann, dass der übrige Verkehr nicht behindert wird.

§ 6.10 Überholen: Verhalten und Zeichengebung der Fahrzeuge

1. Der Überholende darf an Backbord oder an Steuerbord des Vorausfahrenden überholen. Ist das Überholen möglich, ohne dass der Vorausfahrende seinen Kurs zu ändern braucht, gibt der Überholende kein Schallzeichen.

2. Wenn das Überholen nicht ausgeführt werden kann, ohne dass der Vorausfahrende seinen Kurs ändert, oder wenn zu befürchten ist, dass der Vorausfahrende die Absicht des Überholenden nicht erkannt hat und dadurch die Gefahr eines Zusammenstoßes entstehen kann, muss der Überholende folgende Schallzeichen geben:

   a. "zwei lange Töne, zwei kurze Töne", wenn er an Backbord des Vorausfahrenden überholen will,

   b. "zwei lange Töne, einen kurzen Ton", wenn er an Steuerbord des Vorausfahrenden überholen will.

3. Wenn der Vorausfahrende dem Verlangen des Überholenden nachkommen kann, muss er dem Überholenden an der gewünschten Seite genügend Raum lassen, indem er erforderlichenfalls nach der anderen Seite ausweicht.

4. Ist das Überholen nicht an der vom Überholenden gewünschten, jedoch an der anderen Seite möglich, muss der Vorausfahrende folgende Schallzeichen geben:

   a. "einen kurzen Ton", wenn das Überholen an Backbord möglich ist,

   b. "zwei kurze Töne", wenn das Überholen an Steuerbord möglich ist. Der Überholende muss, wenn er unter den nun gegebenen Verhältnissen noch überholen will, folgende Schallzeichen geben:

   c. "zwei kurze Töne" im Falle des Buchstaben a,

d. "einen kurzen Ton" im Falle des Buchstaben b.

Der Vorausfahrende muss alsdann dem Überholenden genügend Raum an derjenigen Seite lassen, an der das Überholen stattfinden soll, indem er erforderlichenfalls nach der anderen Seite ausweicht.

5. Ist ein gefahrloses Überholen unmöglich, muss der Vorausfahrende "fünf kurze Töne" geben.

§ 6.11 Überholverbot durch Schifffahrtszeichen

Unbeschadet des § 6.08 Nummer 1 besteht

a. auf Strecken, deren Grenzen durch das Tafelzeichen A.2 (Anlage 7) gekennzeichnet sind, ein allgemeines Überholverbot,

b. auf Strecken, deren Grenzen durch das Tafelzeichen A.3 (Anlage 7) gekennzeichnet sind, ein Überholverbot für Verbände untereinander. Dies gilt nicht, wenn einer der Verbände ein Schubverband ist, dessen Länge 110,00 m nicht überschreitet.

Abschnitt III: Weitere Regeln für die Fahrt (§ 6.12 bis § 6.22a)

§ 6.12 Fahrt auf Strecken mit vorgeschriebenem Kurs

1. Auf Strecken, die mit einem der Tafelzeichen B.1, B.2a, B.2b, B.3a, B.3b, B.4a oder B.4b (Anlage 7) bezeichnet sind, müssen die Fahrzeuge dem durch das Tafelzeichen vorgeschriebenen Kurs folgen.

2. Bergfahrer dürfen in keinem Fall die Fahrt der Talfahrer behindern; insbesondere bei Annäherung an die Tafelzeichen B.4a oder B.4b (Anlage 7) müssen sie erforderlichenfalls ihre Geschwindigkeit vermindern oder sogar anhalten, damit die Talfahrer ihr Manöver vollenden können.

§ 6.13 Wenden

1. Fahrzeuge dürfen nur wenden, nachdem sie sich vergewissert haben, dass der übrige Verkehr unter Berücksichtigung der nachstehenden Nummern 2 und 3 dies ohne Gefahr zulässt und andere Fahrzeuge nicht gezwungen werden, unvermittelt ihren Kurs oder ihre Geschwindigkeit zu ändern.

2. Sofern das beabsichtigte Manöver andere Fahrzeuge dazu zwingt oder zwingen kann, von ihrem Kurs abzuweichen oder ihre Geschwindigkeit zu ändern, muss das Fahrzeug, das wenden will, seine Absicht rechtzeitig wie folgt ankündigen:

   a. durch "einen langen Ton, einen kurzen Ton", wenn es über Steuerbord wenden will,

   b. durch "einen langen Ton, zwei kurze Töne", wenn es über Backbord wenden will.

3. Die anderen Fahrzeuge müssen daraufhin, sofern dies nötig und möglich ist, ihre Geschwindigkeit und ihren Kurs ändern, damit das Wenden ohne Gefahr geschehen kann.

4. Auf den durch das Tafelzeichen A.8 (Anlage 7) gekennzeichneten Strecken ist das Wenden verboten.

Sind hingegen Strecken durch das Tafelzeichen E.8 (Anlage 7) gekennzeichnet, so wird dem Schiffsführer empfohlen, dort zu wenden, wobei dieser Paragraf zu beachten ist.

§ 6.14 Verhalten bei der Abfahrt

§ 6.13 gilt entsprechend für Fahrzeuge, ausgenommen Fähren, die ihren Liege- oder Ankerplatz verlassen, ohne zu wenden; statt der Schallzeichen nach § 6.13 Nummer 2 haben sie jedoch folgende Zeichen zu geben:

"einen kurzen Ton", wenn sie ihren Kurs nach Steuerbord richten,

"zwei kurze Töne", wenn sie ihren Kurs nach Backbord richten.

§ 6.15 Verbot des Hineinfahrens in die Abstände zwischen Teilen eines Schleppverbandes

Es ist verboten, in die Abstände zwischen den Teilen eines Schleppverbandes hineinzufahren.

§ 6.16 Einfahrt in und Ausfahrt aus Häfen und Nebenwasserstraßen

1. Fahrzeuge dürfen aus einem Hafen oder einer Nebenwasserstraße nur ausfahren und in die Hauptwasserstraße einbiegen oder die Hauptwasserstraße überqueren oder in einen Hafen oder eine Nebenwasserstraße nur einfahren, nachdem sie sich vergewissert haben, dass diese Manöver ausgeführt werden können, ohne dass eine Gefahr entsteht und ohne dass andere Fahrzeuge unvermittelt ihren Kurs oder ihre Geschwindigkeit ändern müssen. Ein Talfahrer, der zur Einfahrt in einen Hafen oder in eine Nebenwasserstraße aufdrehen muss, hat einem Bergfahrer, der ebenfalls einfahren will, die Vorfahrt zu lassen.

Wasserstraßen, die als Nebenwasserstraßen zu betrachten sind, können durch ein Tafelzeichen E.9 oder E.10 (Anlage 7) gekennzeichnet sein.

2. Fahrzeuge - ausgenommen Fähren -, die ein Manöver im Sinne der Nummer 1 beabsichtigen, das andere Fahrzeuge dazu zwingt oder zwingen kann, ihren Kurs oder ihre Geschwindigkeit zu ändern, müssen ihre Absicht rechtzeitig wie folgt ankündigen:

a. durch "drei lange Töne, einen kurzen Ton", wenn sie vor der Einfahrt oder nach der Ausfahrt ihren Kurs nach Steuerbord richten wollen;

b. durch "drei lange Töne, zwei kurze Töne", wenn sie vor der Einfahrt oder nach der Ausfahrt ihren Kurs nach Backbord richten wollen;

c. durch "drei lange Töne", wenn sie nach der Ausfahrt die Wasserstraße überqueren wollen; vor Beendigung der Querfahrt müssen sie erforderlichenfalls geben:

"einen langen Ton, einen kurzen Ton", wenn sie ihren Kurs nach Steuerbord richten wollen,

"einen langen Ton, zwei kurze Töne", wenn sie ihren Kurs nach Backbord richten wollen.

Die anderen Fahrzeuge müssen daraufhin, soweit notwendig, ihren Kurs und ihre Geschwindigkeit ändern.

3. Ist an der Ausfahrt eines Hafens oder an der Mündung einer Nebenwasserstraße ein Tafelzeichen B.9a oder B.9b (Anlage 7) angebracht, dürfen die aus dem Hafen oder aus der Nebenwasserstraße kommenden Fahrzeuge in die Hauptwasserstraße nur einbiegen oder sie überqueren, wenn dadurch die Fahrzeuge auf der Hauptwasserstraße nicht gezwungen werden, Kurs oder Geschwindigkeit zu ändern.

4. Ein rotes Licht (Zeichen A.1, Anlage 7) mit einem weißen Pfeil (Abschnitt II Nummer 2 Buchstabe c, Anlage 7) zeigt an, dass die Einfahrt in den in Pfeilrichtung gelegenen Hafen oder in die in Pfeilrichtung gelegene Nebenwasserstraße verboten ist.

§ 6.17 Fahrt auf gleicher Höhe; Verbot der Annäherung an Fahrzeuge

1. Fahrzeuge dürfen auf gleicher Höhe nur fahren, wo es der verfügbare Raum ohne Störung oder Gefährdung der Schifffahrt gestattet

2. Außer beim Überholen oder beim Begegnen ist es verboten, näher als 50,00 m an Fahrzeuge oder Verbände heranzufahren, die eine Bezeichnung nach § 3.14 Nummer 2 oder 3 führen.

3. Das Anlegen oder Anhängen an ein Fahrzeug oder einen Schwimmkörper in Fahrt sowie das Mitfahren im Sogwasser sind ohne ausdrückliche Erlaubnis des Schiffsführers verboten. § 1.20 bleibt unberührt.

4. Wasserskiläufer sowie Personen, die Wassersport nicht mit einem Fahrzeug betreiben, müssen von Fahrzeugen oder

Schwimmkörpern in Fahrt und von schwimmenden Geräten während der Arbeit ausreichend Abstand halten.

§ 6.18 Verbot des Schleifenlassens von Ankern, Trossen oder Ketten

1. Es ist verboten, Anker, Trossen oder Ketten schleifen zu lassen.

2. Das Verbot nach Nummer 1 gilt weder beim Treibenlassen, sofern dies gestattet ist, noch für kleine Bewegungen auf Liegestellen, Lade- und Löschplätzen sowie auf Reeden; es gilt jedoch für derartige Bewegungen auf Strecken, die nach § 7.03 Nummer 1 Buchstabe b durch das Tafelzeichen A.6 (Anlage 7) gekennzeichnet sind.

§ 6.19 Schifffahrt durch Treibenlassen

1. Schifffahrt durch Treibenlassen ist ohne Erlaubnis der zuständigen Behörde verboten.

2. Das Verbot nach Nummer 1 gilt nicht für kleine Bewegungen auf Liegestellen, Lade- und Löschplätzen sowie auf Reeden.

3. Fahrzeuge, die sich Bug zu Berg mit im Vorwärtsgang laufender Antriebsmaschine zu Tal bewegen, gelten nicht als treibende Fahrzeuge, sondern als Bergfahrer.

§ 6.20 Vermeidung von Wellenschlag

1. Fahrzeuge müssen ihre Geschwindigkeit so einrichten, dass Wellenschlag oder Sogwirkungen, die Schäden an stillliegenden oder in Fahrt befindlichen Fahrzeugen oder Schwimmkörpern oder an Anlagen verursachen können, vermieden werden. Sie müssen ihre Geschwindigkeit rechtzeitig vermindern, jedoch nicht unter das Maß, das zu ihrer sicheren Steuerung notwendig ist, und dabei möglichst weiten Abstand halten:

   a. vor Hafenmündungen;

b. in der Nähe von Fahrzeugen, die am Ufer oder an Landebrücken festgemacht sind oder die laden oder löschen;

c. in der Nähe von Fahrzeugen, die auf den üblichen Liegestellen stillliegen;

d. in der Nähe nicht frei fahrender Fähren;

e. auf Strecken der Wasserstraße, die durch das Zeichen A.9 (Anlage 7) gekennzeichnet sind.

2. Gegenüber Kleinfahrzeugen besteht die Verpflichtung nach Nummer 1 Satz 2 Buchstabe b und c nicht; § 1.04 bleibt unberührt.

3. Beim Vorbeifahren an Fahrzeugen, die die Zeichen nach § 3.25 Nummer 1 Buchstabe c führen und an Fahrzeugen, Schwimmkörpern oder schwimmenden Anlagen, die die Zeichen nach § 3.29 Nummer 1 führen, müssen andere Fahrzeuge ihre Geschwindigkeit, wie in Nummer 1 vorgeschrieben, vermindern. Sie haben außerdem möglichst weiten Abstand zu halten.

§ 6.21 Zusammenstellung der Verbände

1. Fahrzeuge mit Maschinenantrieb, die einen Verband fortbewegen, müssen über eine ausreichende Maschinenleistung verfügen, um die gute Manövrierfähigkeit des Verbandes zu gewährleisten.

Verbände und gekuppelte Fahrzeuge müssen so zusammengestellt sein, dass sie nicht mehr als eine Schleusung benötigen. Ihre Gesamtbreite darf 11,45 m nicht überschreiten.

2. Schubverbände und gekuppelte Fahrzeuge mit einer Länge über 86,00 m müssen rechtzeitig Bug zu Tal anhalten können sowie während des Anhaltens und nach dem Anhalten vollkommen manövrierfähig bleiben.

Dies gilt auch für Fahrzeuge mit Maschinenantrieb mit einer Länge über 86,00 m, sofern sie nicht vor dem 1. April 1960 auf Kiel gelegt worden sind.

3. Fahrzeuge mit Maschinenantrieb dürfen, außer im Fall der Rettung oder Hilfeleistung in Notfällen, nur dann zum Schleppen, zum Schieben oder zur Fortbewegung gekuppelter Fahrzeuge verwendet werden, wenn dies in ihrem Schiffsattest zugelassen ist.

Das Fahrzeug mit Maschinenantrieb, das bei gekuppelten Fahrzeugen die Hauptantriebskraft stellt, muss sich an der Steuerbordseite befinden.

4. Fahrgastschiffe, die Fahrgäste an Bord haben, dürfen nicht längsseits gekuppelt fahren; sie dürfen weder schleppen noch geschleppt werden, es sei denn, dass dies zum Abschleppen eines beschädigten Fahrzeugs erforderlich ist.

§ 6.22 Sperrung der Schifffahrt und gesperrte Wasserflächen

1. Wenn die zuständige Behörde durch ein allgemeines Zeichen A.1 (Anlage 7) bekannt gibt, dass die Schifffahrt gesperrt ist, müssen alle Fahrzeuge vor dem Zeichen anhalten.

2. Das Befahren von Wasserflächen, die durch das Tafelzeichen

   a. A.1a (Anlage 7) gekennzeichnet sind, ist allen Fahrzeugen mit Ausnahme der Kleinfahrzeuge ohne Antriebsmaschine verboten;

   b. A.12 (Anlage 7) gekennzeichnet sind, ist allen Fahrzeugen mit Maschinenantrieb verboten.

3. Das Verbot nach Nummer 1 oder 2 gilt auch für Schwimmkörper.

4. Personen, die ohne Benutzung eines Fahrzeugs eine Wassersportart betreiben, dürfen dafür die hinter einem Tafelzeichen A.1 liegende Wasserfläche nicht benutzen.

5. Die gesperrten oder eingeschränkten Wasserflächen können durch eine Reihe von zwei oder mehr Tafelzeichen A.1, A.1a oder A.12 oder gelben Tonnen mit diesen Tafelzeichen als Toppzeichen gekennzeichnet werden. In diesem Fall bezieht sich das jeweilige Verbot auf die Wasserfläche, die sich hinter der geraden Verbindungslinie dieser Zeichen befindet.

§ 6.22a Vorbeifahrt an schwimmenden Geräten bei der Arbeit sowie an festgefahrenen oder gesunkenen Fahrzeugen

Es ist verboten, an den in § 3.25 genannten Fahrzeugen an der Seite vorbeizufahren, an der sie das rote Licht oder die roten Lichter nach § 3.25 Nummer 1 Buchstabe b und d oder das Tafelzeichen A.1 (Anlage 7), den roten Ball oder die rote Flagge nach § 3.25 Nummer 1 Buchstabe b und d zeigen.

Abschnitt IV: Fähren (§ 6.23)

§ 6.23 Verhalten der Fähren

1. Fähren dürfen die Wasserstraße nur überqueren, wenn sie sich vergewissert haben, dass der übrige Verkehr eine gefahrlose Überfahrt zulässt und andere Fahrzeuge nicht gezwungen werden, unvermittelt ihren Kurs oder ihre Geschwindigkeit zu ändern.

2. Für nicht frei fahrende Fähren gilt außerdem folgendes:

   a. solange eine Fähre nicht in Betrieb ist, muss sie den Liegeplatz einnehmen, den ihr die zuständige Behörde zugewiesen hat; ist ihr ein Liegeplatz nicht zugewiesen, muss sie so liegen, dass das Fahrwasser frei bleibt;

   b. Fähren mit Längsseil, die so verankert sind, dass sie das Fahrwasser sperren können, dürfen auf der Fahrwasserseite, die der Verankerung des Seils gegenüberliegt, nur so lange liegen, wie dies zum Ein- und Ausladen unbedingt erforderlich ist; während dieser Zeit können näher kommende Fahrzeuge von der Fähre das Freimachen des Fahrwassers verlangen, indem sie rechtzeitig "einen langen Ton" geben;

   c. die Fähre darf sich nicht länger im Fahrwasser aufhalten, als der Betrieb es erfordert.

Abschnitt V: Durchfahren von Brücken, Wehren und Schleusen (§ 6.24 bis § 6.29)

§ 6.24 Durchfahren von Brücken und Wehren: Allgemeines

1. In einer Brücken- oder Wehröffnung gilt § 6.07, es sei denn, das Fahrwasser gewährt hinreichenden Raum für die gleichzeitige Durchfahrt.

2. Ist eine Brücken- oder Wehröffnung gekennzeichnet

    a. durch das Tafelzeichen A.10 (Anlage 7), ist die Schifffahrt in dieser Öffnung außerhalb des durch die beiden Tafeln dieses Zeichens begrenzten Raumes verboten;

    b. durch das Tafelzeichen D.2 (Anlage 7), wird der Schifffahrt empfohlen, sich in dieser Öffnung in dem durch die beiden Tafeln dieses Zeichens begrenzten Raum zu halten.

§ 6.25 Durchfahrt unter festen Brücken

1. Sind bestimmte Öffnungen fester Brücken durch ein allgemeines Zeichen A.1 (Anlage 7) gekennzeichnet, ist das Durchfahren dieser Öffnungen verboten.

2. Sind bestimmte Öffnungen fester Brücken gekennzeichnet

    a. durch das Tafelzeichen D.1a (Anlage 7) oder

    b. durch das Tafelzeichen D.1b (Anlage 7) - angebracht über der Brückenöffnung -,

wird empfohlen, vorzugsweise diese Öffnungen zu benutzen.

Ist die Öffnung nach Buchstabe a gekennzeichnet, ist die Durchfahrt in beiden Richtungen erlaubt; ist sie nach Buchstabe b gekennzeichnet, ist die Durchfahrt in Gegenrichtung verboten.

3. Sind bestimmte Öffnungen fester Brücken nach Nummer 2 gekennzeichnet, kann die Schifffahrt die nicht gekennzeichneten Öffnungen nur auf eigene Gefahr benutzen.

§ 6.26 Durchfahren der Bootsschleusen und Bootsgassen

1. Alle Fahrzeuge mit einer Länge von weniger als 18,00 m, einer Breite von weniger als 3,30 m und einem Tiefgang von weniger als 1,50 m müssen die Bootsschleusen benutzen, sofern die Schleusenaufsicht nichts anderes bestimmt. Diese Bestimmung gilt nicht für Fahrgastschiffe, wenn Fahrgäste an Bord sind.

2. Die Bootsschleusen und Bootsgassen dürfen nur bei Tag benutzt werden. Bei Nacht ist die Benutzung nur den ortsansässigen Berufsfischern gestattet. 3. Auf der Fahrt zur Bootsschleuse oder zur Bootsgasse ist das Ufer am Trennwerk zu halten.

4. Die Schützen und Tore der Bootsschleusen müssen von den Benutzern unter Beachtung der aushängenden Bedienungsvorschriften selbst bedient werden. Die Einfahrt in die Bootsschleusen und die Ausfahrt sind erst gestattet, wenn die Schleusentore vollständig geöffnet sind. Die Benutzer der Bootsschleuse müssen auf die aus der Bootsgasse ausfahrenden Boote Rücksicht nehmen.

5. Die Bootsgassen an den Staustufen Müden, Fankel, Enkirch, Zeltingen, Wintrich, Grevenmacher-Wellen und StadtbredimusPalzem müssen von den Benutzern unter Beachtung der aushängenden Bedienungsvorschriften selbst bedient werden. Die Einfahrt in die Bootsgasse ist nur so lange gestattet, wie grünes Licht gezeigt wird. In der übrigen Zeit wird rotes Licht gezeigt. Ist die Bootsgasse außer Betrieb, wird kein Licht gezeigt.

6. Das Aussteigen - außer zur Schleusung, zum Herbeiholen der Schleusenaufsicht oder zum Umtragen - ist verboten. Es ist ferner verboten, beim Umtragen den Betrieb der Bootsschleuse und der Bootsgasse zu behindern.

§ 6.27 Wehre

Das Durchfahren der Wehre ist verboten.

§ 6.28 Durchfahren der Schleusen

1.

a. Zum Schleusenbereich gehören die Schleusen und die Wasserflächen oberhalb und unterhalb der Schleusen, die dem Festmachen, Einordnen und Warten von Fahrzeugen, sowie zum Zusammenstellen und Auflösen von Verbänden dienen (Schleusenvorhafen).

b. Die zuständige Behörde kann abweichend von Buchstabe a den Schleusenbereich festlegen. In diesem Fall ist er durch weiße Tafeln mit schwarzer Umrandung und der schwarzen Aufschrift "Schleusenbereich" gekennzeichnet.

2. Bei der Annäherung an die Schleusenvorhäfen müssen die Fahrzeuge ihre Fahrt verlangsamen. Dürfen sie nicht sogleich in die Schleuse einfahren, haben sie, wenn am Ufer das Tafelzeichen B.5 (Anlage 7) aufgestellt ist, vor diesem anzuhalten. Fahrzeuge, die die Schleuse nicht durchfahren wollen, dürfen in die Schleusenvorhäfen nicht einfahren.

3. Im Schleusenbereich müssen Fahrzeuge, die mit einer Sprechfunkanlage für den Verkehrskreis Nautische Information ausgerüstet sind, den Kanal der Schleuse auf Empfang geschaltet haben.

4. Bei Annäherung an den Schleusenbereich und innerhalb dieses Bereiches ist das Überholen verboten. Fahrzeuge oder Verbände, die außerhalb der Vorhäfen auf Schleusung warten, dürfen jedoch zum Erreichen der Dalben in den Vorhäfen überholt werden. Der Schleusenrang der überholten Fahrzeuge oder Verbände wird dadurch nicht geändert.

5. In den Schleusen müssen die Anker vollständig hochgenommen sein. Das gilt auch in den Schleusenvorhäfen, solange die Anker nicht benutzt werden.

6. Bei der Fahrt in den Schleusenvorhäfen und der Einfahrt in die Schleusen müssen die Fahrzeuge ihre Geschwindigkeit so vermindern, dass ein sicheres Abstoppen mittels Drahtseilen, Tauen

oder anderen geeigneten Maßnahmen unter allen Umständen möglich ist und ein Anprall an die Schleusentore oder an die Schutzvorrichtungen sowie an andere Fahrzeuge oder an Schwimmkörper ausgeschlossen ist.

7. In den Schleusen

a. haben sich die Fahrzeuge, sofern an den Schleusenwänden Grenzen markiert sind, innerhalb dieser Grenzen zu halten;

b. müssen die Fahrzeuge während der Füllung und der Entleerung der Schleusenkammer und bis zur Freigabe der Ausfahrt festgemacht sein und die Befestigungsmittel derart bedient werden, dass Stöße gegen die Schleusenwände, die Schleusentore oder die Schutzvorrichtungen sowie gegen die anderen Fahrzeuge oder Schwimmkörper vermieden werden;

c. sind Fender zu verwenden, die schwimmfähig sein müssen, wenn sie nicht fest mit dem Fahrzeug verbunden sind;

d. ist es verboten, von den Fahrzeugen oder Schwimmkörpern Wasser auf die Schleusenplattformen, auf die anderen Fahrzeuge oder Schwimmkörper zu schütten oder ausfließen zu lassen;

e. ist es verboten, nach dem Festmachen des Fahrzeugs bis zur Freigabe der Ausfahrt den Maschinenantrieb zu benutzen; f. müssen Kleinfahrzeuge Abstand zu den anderen Fahrzeugen halten.

8. Die nutzbare Kammerlänge der Schleusen von Stadtbredimus-Palzem bis Koblenz beträgt 170,00 m (ausgenommen Südschleuse Koblenz mit 122,50 m). Die nutzbare Kammerlänge ist durch weiße Markierungen gekennzeichnet. Schubverbände mit Längen über 170,00 m bis 172,10 m dürfen mit Erlaubnis der Schleusenaufsicht unter folgenden besonderen Vorkehrungen die Schleusen durchfahren: Zu Tal fahrende Schubverbände müssen zunächst 10,00 m vor dem Stoßschutz oder dem Balken der Untertore anhalten und dürfen erst nach dem Entfernen des Seiles oder auf Anordnung des Schleusenpersonals langsam bis zur besonderen Markierung der äußersten Begrenzung am Unterhaupt vorziehen. Bei nicht mit einer Schutzvorrichtung (Stoßschutz oder Balken)

ausgestatteten Schleusen, müssen alle Fahrzeuge 10,00 m vor der äußeren Begrenzung der Kammerlänge anhalten. Sie dürfen erst auf Anordnung des Schleusenpersonals langsam bis zur Markierung der äußersten Begrenzung am Unterhaupt vorziehen. Die äußerste Begrenzung der Kammerlänge der Schleusen ist am Ober- und Unterhaupt durch rot-weiße Markierungen gekennzeichnet.

9. Im Schleusenbereich muss zu Fahrzeugen und Verbänden, die die Bezeichnung nach § 3.14 Nummer 1 führen, ein Abstand von mindestens 10,00 m eingehalten werden. Das gilt jedoch nicht für Fahrzeuge und Verbände, die die gleiche Bezeichnung führen und für die in § 3.14 Nummer 7 genannten Fahrzeuge.

10. Fahrzeuge und Verbände, die eine Bezeichnung nach § 3.14 Nummer 2 oder Nummer 3 führen, werden allein geschleust. Davon ausgenommen sind Trockengüterschiffe nach ADN, die ausschließlich Container, Großpackmittel (IBC), Großverpackungen, Gascontainer mit mehreren Elementen (MEGC), Tankcontainer und ortsbewegliche Tanks nach ADN Unterabschnitt 7.1.1.18 befördern und die Bezeichnung nach § 3.14 Nummer 2 führen. Diese können zusammen oder mit Trockengüterschiffen, die ausschließlich Container, Großpackmittel (IBC), Großverpackungen, Gascontainer mit mehreren Elementen (MEGC), Tankcontainer und ortsbewegliche Tanks nach ADN Unterabschnitt 7.1.1.18 befördern und die Bezeichnung nach § 3.14 Nummer 1 führen, oder mit den in § 3.14 Nummer 7 genannten Fahrzeugen geschleust werden. Zwischen Bug und Heck der gemeinsam geschleusten Fahrzeuge muss ein Mindestabstand von 10,00 m eingehalten werden.

11. Fahrzeuge und Verbände, die das Kennzeichen nach § 2.06 tragen, dürfen nicht in eine Schleuse einfahren, wenn es außerhalb des LNG-Systems zu Freisetzungen von Flüssigerdgas (LNG) kommt oder wenn eine Freisetzung von Flüssigerdgas (LNG) außerhalb des LNG-Systems während der Schleusendurchfahrt zu erwarten ist.

12. Fahrzeuge und Verbände, die die Bezeichnung nach § 3.14 Nummer 1 führen, werden nicht zusammen mit Fahrgastschiffen geschleust.

13. Die Schleusenaufsicht kann aus Gründen der Sicherheit und Leichtigkeit des Verkehrs, zur Beschleunigung der Durchfahrt oder zur vollen Ausnutzung der Schleusen Anordnungen erteilen, die diesen Paragrafen ergänzen oder von ihm abweichen. Die Fahrzeuge haben diese Anordnungen in den Schleusen und in den Schleusenvorhäfen zu befolgen.

§ 6.28a Schleuseneinfahrt und -ausfahrt

1. Die Einfahrt in die Schleuse wird bei Tag und bei Nacht durch Signallichter geregelt, die auf einer Seite oder auf beiden Seiten der Schleuse gezeigt werden. Diese Signallichter haben folgende Bedeutung:

   a. zwei rote Lichter übereinander: Einfahrt verboten, Schleuse außer Betrieb;

   b. ein rotes Licht oder zwei rote Lichter nebeneinander: Einfahrt verboten, Schleuse geschlossen;

   c. das Erlöschen eines der beiden nebeneinander gezeigten roten Lichter oder ein rotes und ein grünes Licht nebeneinander: Einfahrt verboten, Öffnung der Schleuse wird vorbereitet;

   d. ein grünes Licht oder zwei grüne Lichter nebeneinander: Einfahrt erlaubt.

2. Die Ausfahrt aus der Schleuse wird bei Nacht und bei Tag durch folgende Signallichter geregelt:

   a. ein rotes Licht oder zwei rote Lichter: Ausfahrt verboten;

   b. ein grünes Licht oder zwei grüne Lichter: Ausfahrt erlaubt.

3. Anstelle des roten Lichtes oder der roten Lichter nach den Nummern 1 und 2 kann das Tafelzeichen A.1 (Anlage 7), anstelle des grünen Lichtes oder der grünen Lichter nach den Nummern 1 und 2 kann das Tafelzeichen E.1 (Anlage 7) gesetzt werden.

4. Werden keine Signallichter oder keine Tafelzeichen gezeigt, ist die Einfahrt in die Schleuse oder die Ausfahrt aus der Schleuse ohne besondere Anordnung der Schleusenaufsicht verboten.

§ 6.29 Vorrecht auf Schleusung

1.

a. Geschleust wird in der Reihenfolge des Eintreffens.

b. Kleinfahrzeuge sind nicht berechtigt, eine besondere Schleusung zu verlangen. Sie dürfen erst nach Aufforderung durch die Schleusenaufsicht in die Schleuse einfahren. Außerdem dürfen die Kleinfahrzeuge, wenn sie gemeinsam mit anderen Fahrzeugen geschleust werden, erst nach diesen in die Schleuse einfahren.

c. Die Schleusenaufsicht kann jedoch abweichende Anordnungen erteilen, um die Schleuse bestmöglich auszunutzen oder um aus Sicherheitsgründen Fahrzeuge mit gefährlichen Gütern erforderlichenfalls einzeln zu schleusen.

2. Abweichend von Nummer 1 Buchstabe a und vorbehaltlich der Anwendung der Nummer 1 Buchstabe c haben ein Vorrecht auf Schleusung:

a. die Fahrzeuge der Wasserstraßen- und Schifffahrtsverwaltung, der Feuerwehr, der Polizei oder des Zolls der Uferstaaten, die in Ausübung dringender dienstlicher Aufgaben unterwegs sind;

b. die Fahrzeuge, denen die zuständige Behörde das Vorrecht ausdrücklich zuerkannt hat.

3. Das Vorrecht nach Nummer 2 Buchstabe b wird nur erteilt:

a. Fahrzeugen, die wegen der Natur ihrer Ladung oder aus Sicherheitsgründen die Schleusen beschleunigt durchfahren müssen;

b. Fahrzeugen, die für Bergungs- oder andere dringende Arbeiten eingesetzt sind;

c. Tagesausflugsschiffen, die für mindestens 100 Fahrgäste zugelassen sind, wenn sie einen regelmäßigen Dienst versehen.

Tagesausflugsschiffe versehen einen regelmäßigen Dienst, wenn sie innerhalb von vier Wochen mindestens vier Fahrten auf bestimmten Strecken mit festen Haltestellen nach einem von der zuständigen Behörde abgestimmten und der Schifffahrt mindestens einen Monat vorher bekannt gegebenen Fahrplan durchführen. Bei etwaiger nachträglicher Änderung dieses Fahrplans ist dasselbe Verfahren anzuwenden.

Das Vorrecht gilt nur für die Schleusen, die nach dem abgestimmten Fahrplan durchfahren werden.

4. (ohne Inhalt)

5. Das Vorrecht auf Schleusung nach Nummer 2 Buchstabe b gibt dem betreffenden Fahrzeug das Recht, vor anderen auf Schleusung wartenden Fahrzeugen geschleust zu werden, sobald es vom Schleusenpersonal im Schleusenbereich am Standort des C4-Schildes mit Zusatz gesichtet wird.

In keinem Fall berechtigt es das Fahrzeug, zu einer vorher festgesetzten Uhrzeit geschleust zu werden.

Das Vorrecht auf Schleusung nach Nummer 2 Buchstabe b gilt nur in dem Zeitraum von 07:00 Uhr bis 20:00 Uhr. Von dieser zeitlichen Einschränkung sind die Fahrzeuge ausgenommen, die unter Nummer 3 Buchstabe a und b fallen und eine Sondergenehmigung der zuständigen Behörde haben.

6. Nach jeder Berg- bzw. Talschleusung von Fahrzeugen, die ihr Vorrecht geltend gemacht haben, sind jeweils einmal Fahrzeuge ohne Vorrecht in derselben Richtung zu schleusen. Gegenüber Fahrzeugen und Schubverbänden von mehr als jeweils 1 500 t Tragfähigkeit, die ihre Fahrt nach einem mit der zuständigen Behörde abgestimmten Fahrplan durchführen, kann das Vorrecht von den Tagesausflugsschiffen nur einmal bei jeder Schleuse geltend gemacht werden.

7. Fahrzeuge nach § 6.26 Nummer 1 werden, soweit sie nicht Bootsschleusen oder -schleppen benutzen können, nur in Gruppen oder zusammen mit anderen Fahrzeugen geschleust.

In keinem Fall können sie ein Vorschleusungsrecht beanspruchen.

Abschnitt VI: Unsichtiges Wetter; Benutzung von Radar (§ 6.30 bis § 6.34)

§ 6.30 Alle fahrenden Fahrzeuge bei unsichtigem Wetter

1. Bei unsichtigem Wetter müssen alle Fahrzeuge Radar benutzen.

2. Bei unsichtigem Wetter müssen alle Fahrzeuge ihre Geschwindigkeit der verminderten Sicht, dem übrigen Verkehr und den örtlichen Umständen entsprechend anpassen. Sie müssen den anderen Fahrzeugen die für die Sicherheit notwendigen Nachrichten geben.

3. Beim Anhalten bei unsichtigem Wetter ist die Fahrrinne so weit wie möglich frei zu machen.

4. Bei unsichtigem Wetter dürfen Kleinfahrzeuge nur dann fahren, wenn sie darüber hinaus auf Kanal 10 oder dem von der zuständigen Behörde zugewiesenen anderen Kanal auf Empfang geschaltet sind.

5. Fahrzeuge und Verbände, die kein Radar benutzen können, müssen bei unsichtigem Wetter unverzüglich einen Liegeplatz aufsuchen.

§ 6.31 Stillliegende Fahrzeuge

1. Fahrzeuge, die in der Fahrrinne oder deren Nähe stillliegen, müssen bei unsichtigem Wetter während des Stillliegens ihre Sprechfunkanlage auf Empfang geschaltet haben. Sobald sie über Sprechfunk vernehmen, dass sich andere Fahrzeuge nähern oder sobald und solange sie das in § 6.32 Nummer 2 Buchstabe d oder in § 6.33 Buchstabe b vorgeschriebene Schallzeichen eines

herankommenden Fahrzeugs vernehmen, müssen sie über Sprechfunk ihre Position mitteilen.

2. Fahrzeuge nach Nummer 1, die Sprechfunk nicht benutzen können, müssen, sobald und solange sie das in § 6.32 Nummer 2 Buchstabe d oder in § 6.33 Buchstabe b vorgeschriebene Schallzeichen eines herankommenden Fahrzeugs vernehmen, eine Gruppe von Glockenschlägen geben. Diese Schallzeichen sind in Abständen von längstens einer Minute zu wiederholen.

3. Die Nummern 1 und 2 gelten nicht für geschobene Fahrzeuge in einem Schubverband. Bei gekuppelten Fahrzeugen gelten sie nur für eines der Fahrzeuge der Zusammenstellung.

§ 6.32 Mit Radar fahrende Fahrzeuge

1. Fahrzeuge dürfen nur mit Radar fahren, wenn sich eine Person, die sowohl eine der in der Verordnung über das Führen von Fahrzeugen auf der Mosel vorgesehenen Urkunden für die von ihr geführte Fahrzeugart als auch das Radarpatent nach der Verordnung über die Erteilung von Radarpatenten oder ein gleichwertiges Zeugnis besitzt, und eine zweite Person, die mit der Verwendung von Radar in der Schifffahrt hinreichend vertraut ist, ständig im Steuerhaus aufhalten.

Wenn im Schiffsattest vermerkt ist, dass das Fahrzeug über einen Radareinmannsteuerstand verfügt, muss sich die zweite Person nicht ständig im Steuerhaus aufhalten.

2. Bei der Begegnung und der Vorbeifahrt ist Folgendes zu beachten:

   a. bemerkt ein Fahrzeug in der Radarfahrt zu Berg auf dem Radarbildschirm entgegenkommende Fahrzeuge oder nähert es sich einer Strecke, in der sich Fahrzeuge befinden können, die das Radarbild noch nicht erfasst, muss es den entgegenkommenden Fahrzeugen über Sprechfunk seine Fahrzeugart, seinen Namen, seine Fahrtrichtung und seinen Standort mitteilen und die Vorbeifahrt absprechen;

b. bemerkt jedoch ein Fahrzeug in der Radarfahrt zu Tal auf dem Radarbildschirm ein Fahrzeug, dessen Standort oder Kurs eine Gefahrenlage verursachen kann und das sich über Funk nicht gemeldet hat, muss es über Sprechfunk dieses Fahrzeug auf die gefährliche Situation hinweisen und die Vorbeifahrt absprechen;

c. alle Fahrzeuge in der Radarfahrt, die über Sprechfunk angerufen werden, müssen über Sprechfunk antworten, indem sie ihre Fahrzeugart, ihren Namen, ihre Fahrtrichtung und ihren Standort mitteilen. Sie müssen dann mit den entgegenkommenden Fahrzeugen die Vorbeifahrt absprechen; Kleinfahrzeuge dürfen jedoch lediglich ansagen, nach welcher Seite sie ausweichen;

d. wenn mit den entgegenkommenden Fahrzeugen kein Sprechfunkkontakt zustande kommt, muss das Fahrzeug in der Radarfahrt einen

"langen Ton" geben, der so oft wie notwendig zu wiederholen ist

sowie

seine Geschwindigkeit vermindern und, falls nötig, anhalten.

Dies gilt auch für Fahrzeuge, die mit Radar fahren, gegenüber Fahrzeugen, die in der Nähe der Fahrrinne stillliegen und mit denen kein Sprechfunkkontakt zustande kommt.

3. Bei Schubveränden und gekuppelten Fahrzeugen gelten die Nummern 1 und 2 nur für das Fahrzeug, auf dem sich der Schiffsführer des Verbandes oder der gekuppelten Fahrzeuge befindet.

§ 6.33 Nicht mit Radar fahrende Fahrzeuge

Fahrzeuge und Verbände, die kein Radar benutzen können und einen Liegeplatz aufsuchen müssen, müssen während der Fahrt zu dieser Stelle Folgendes beachten:

a. Sie müssen so weit wie möglich am Rand der Fahrrinne fahren.

b. Jedes einzeln fahrende Fahrzeug sowie jedes Fahrzeug, auf dem sich der Führer eines Verbandes befindet, müssen als Nebelzeichen "einen langen Ton" geben; dieses Schallzeichen ist in Abständen von längstens einer Minute zu wiederholen. Auf diesem Fahrzeug ist ein Ausguck auf dem Vorschiff aufzustellen, bei Verbänden jedoch nur auf dem ersten Fahrzeug. Der Ausguck muss sich entweder in Sicht- oder in Hörweite des Schiffs- oder Verbandsführers befinden oder durch eine Sprechverbindung mit ihm verbunden sein.

c. Sobald ein Fahrzeug über Sprechfunk von einem anderen Fahrzeug angerufen wird, muss es über Sprechfunk antworten, indem es seine Fahrzeugart, seinen Namen, seine Fahrtrichtung und seinen Standort mitteilt und angibt, dass es keine Radarfahrt durchführt und einen Liegeplatz sucht. Es muss dann mit dem entgegenkommenden Fahrzeug die Vorbeifahrt absprechen.

d. Sobald ein Fahrzeug den langen Ton eines anderen Fahrzeugs hört, mit dem kein Sprechfunkkontakt zustande kommt, muss es,

wenn es sich in der Nähe eines Ufers befindet, an diesem Ufer bleiben und dort, falls erforderlich, bis zur Beendigung der Vorbeifahrt anhalten;

wenn es gerade von einem Ufer zum anderen wechselt, die Fahrrinne so weit und so schnell wie möglich freimachen.

§ 6.34 (aufgehoben)

Kapitel 7 Regeln für das Stillliegen (§ 7.01 bis § 7.08)

§ 7.01 Allgemeine Grundsätze für das Stillliegen

1. Unbeschadet anderer Bestimmungen dieser Verordnung müssen Fahrzeuge und Schwimmkörper ihren Liegeplatz so nahe am Ufer wählen, wie es ihr Tiefgang und die örtlichen Verhältnisse gestatten. Sie dürfen keinesfalls die Schifffahrt behindern.

2. Wo die Schifffahrt sich infolge der Fahrwasserverhältnisse dem Ufer auf weniger als 40,00 m nähern muss, dürfen Fahrzeuge längs des Ufers nur nebeneinander liegen, wenn ihre Gesamtbreite 11,45 m nicht überschreitet.

3. Unbeschadet der im Einzelfall von der zuständigen Behörde erteilten Auflagen muss der Liegeplatz für eine schwimmende Anlage so gewählt werden, dass die Fahrrinne für die Schifffahrt frei bleibt.

4. Stillliegende Fahrzeuge, Verbände, Schwimmkörper sowie schwimmende Anlagen müssen so verankert oder festgemacht werden, dass sie ihre Lage nicht in einer Weise verändern können, die andere Fahrzeuge gefährdet oder behindert. Dabei sind insbesondere Wind- und Wasserstandsschwankungen sowie Sog und Wellenschlag zu berücksichtigen.

5. Fahrzeuge dürfen nur über sichere Zugänge betreten oder verlassen werden. Sind geeignete Landanlagen vorhanden, dürfen keine anderen Einrichtungen benutzt werden. Sind Abstände zwischen Fahrzeug und Land vorhanden, müssen Landstege nach Artikel 13.02 Nummer 3 Buchstabe d ES-TRIN ausgelegt und sicher befestigt sein; deren Geländer müssen gesetzt sein. Wird das Beiboot als Zugang benutzt und ist ein Höhenunterschied zwischen Beiboot und Deck zu überwinden, ist ein geeigneter, sicherer Aufstieg zu benutzen.

§ 7.02 Liegeverbot

1. Fahrzeuge und Schwimmkörper sowie schwimmende Anlagen dürfen nicht stillliegen

a. auf den Abschnitten der Wasserstraße, für die ein allgemeines Stillliegeverbot besteht;

b. auf den von der zuständigen Behörde bekannt gegebenen Strecken;

c. auf den durch das Tafelzeichen A.5 (Anlage 7) gekennzeichneten Strecken, auf der Seite der Wasserstraße, auf der das Tafelzeichen steht;

d. unter Brücken und Hochspannungsleitungen;

e. in Fahrwasserengen im Sinne des § 6.07 und in ihrer Nähe sowie auf Strecken, die durch das Stillliegen zu Fahrwasserengen werden würden, und in der Nähe solcher Strecken;

f. an den Einfahrten in und den Ausfahrten aus Häfen und Nebenwasserstraßen;

g. in der Fahrlinie von Fähren; h. im Kurs, den Fahrzeuge beim Anlegen an Landebrücken und beim Abfahren benutzen;

i. auf Wendestellen, die durch das Tafelzeichen E.8 (Anlage 7) gekennzeichnet sind;

k. seitlich neben einem Fahrzeug, das das Tafelzeichen nach § 3.33 führt, innerhalb des Abstandes, der auf der dreieckigen weißen Zusatztafel in Metern angegeben ist;

l. auf den durch das Tafelzeichen A.5.1 (Anlage 7) gekennzeichneten Wasserflächen, deren Breite auf dem Tafelzeichen in Metern angegeben ist. Die Breite bemisst sich vom Aufstellungsort des Tafelzeichens;

m. in den oberen und unteren Vorhäfen der Schleusen. Das gilt nicht für Fahrzeuge, die auf die Schleusung warten. Die Schleusenaufsicht kann jedoch das Stillliegen bei Nacht oder unsichtigem Wetter in den unteren Vorhäfen zulassen, sofern die durchgehende Schifffahrt dadurch nicht behindert wird.

2. Auf den Abschnitten, auf denen das Stillliegen nach Nummer 1 Buchstabe a bis d verboten ist, dürfen Fahrzeuge und Schwimmkörper sowie schwimmende Anlagen nur auf den Liegestellen stillliegen, die durch eines der Tafelzeichen E.5 bis E.7 (Anlage 7) gekennzeichnet sind. Dabei sind die §§ 7.03, 7.04, 7.05 und 7.06 zu beachten.

§ 7.03 Ankern und Benutzung von Stelzen oder Ankerpfählen

1. Fahrzeuge und Schwimmkörper sowie schwimmende Anlagen dürfen nicht ankern: a. auf den Abschnitten der Wasserstraße, für die ein allgemeines Ankerverbot besteht; b. auf den durch das Tafelzeichen A.6 (Anlage 7) gekennzeichneten Strecken, auf der Seite der Wasserstraße, auf der das Tafelzeichen steht.

2. Auf den Abschnitten, auf denen das Ankern nach Nummer 1 Buchstabe a verboten ist, dürfen Fahrzeuge und Schwimmkörper sowie schwimmende Anlagen nur auf den Strecken ankern, die durch das Tafelzeichen E.6 (Anlage 7) gekennzeichnet sind, und nur auf der Seite der Wasserstraße, auf der das Tafelzeichen steht.

3. Auf Abschnitten, in denen nicht geankert werden darf, ist es verboten, von Fahrzeugen und schwimmenden Geräten eine Stelze oder Ankerpfahl in oder auf den Grund zu drücken. Das Verbot gilt nicht für Fahrzeuge und schwimmende Geräte während ihres Einsatzes an Baustellen außerhalb von gedichteten Strecken und des Kreuzungsbereichs von Dükern. Die zuständige Behörde kann für Bau- und Notfalleinsätze weitergehende Ausnahmen zulassen.

§ 7.04 Festmachen

1. Fahrzeuge und Schwimmkörper sowie schwimmende Anlagen dürfen am Ufer nicht festmachen:

   a. auf den Abschnitten der Wasserstraße, für die ein allgemeines Festmacheverbot besteht;

   b. auf den durch das Tafelzeichen A.7 (Anlage 7) gekennzeichneten Strecken, auf der Seite der Wasserstraße, auf der das Tafelzeichen steht.

2. Auf den Abschnitten, auf denen das Festmachen am Ufer nach Nummer 1 Buchstabe a verboten ist, dürfen Fahrzeuge und Schwimmkörper sowie schwimmende Anlagen nur auf den Strecken festmachen, die durch eines der Tafelzeichen E.7 oder E.7.1 (Anlage 7) gekennzeichnet sind, und nur auf der Seite der Wasserstraße, auf der das Tafelzeichen steht.

3. Bäume, Geländer, Pfähle, Grenzsteine, Säulen, Eisenleitern, Handläufe und ähnliche Gegenstände dürfen weder zum Festmachen noch zum Verholen benutzt werden.

§ 7.05 Liegestellen

1. Auf Liegestellen, bei denen das Tafelzeichen E.5 (Anlage 7) aufgestellt ist, dürfen Fahrzeuge und Schwimmkörper nur auf der Seite der Wasserstraße stillliegen, auf der das Tafelzeichen steht.

2. Auf Liegestellen, bei denen das Tafelzeichen E.5.1 (Anlage 7) aufgestellt ist, dürfen Fahrzeuge und Schwimmkörper nur auf einer Wasserfläche stillliegen, deren Breite auf dem Tafelzeichen in Metern angegeben ist. Die Breite bemisst sich vom Aufstellungsort des Tafelzeichens.

3. Auf Liegestellen, bei denen das Tafelzeichen E.5.2 (Anlage 7) aufgestellt ist, dürfen Fahrzeuge und Schwimmkörper nur auf der Wasserfläche zwischen den zwei Entfernungen stillliegen, die auf dem Tafelzeichen in Metern angegeben sind. Beide Entfernungen bemessen sich vom Aufstellungsort des Tafelzeichens.

4. Auf Liegestellen, bei denen das Tafelzeichen E.5.3 (Anlage 7) aufgestellt ist, dürfen auf der Seite der Wasserstraße, auf der das Tafelzeichen steht, nicht mehr Fahrzeuge und Schwimmkörper nebeneinander stillliegen, als auf dem Tafelzeichen in römischen Zahlen angegeben ist.

§ 7.06 Besondere Liegestellen

1. Auf Liegestellen, bei denen eines der Tafelzeichen E.5.4 bis E.5.15 (Anlage 7) aufgestellt ist, dürfen nur die Fahrzeugarten stillliegen, für die das Tafelzeichen gilt.

2. Die Liegestellen sind, soweit nichts anderes bestimmt ist, auf der Seite der Wasserstraße, auf der das Tafelzeichen steht, vom Ufer aus und ein Fahrzeug neben dem anderen zu belegen.

3. An Liegestellen, bei denen das Tafelzeichen B.12 (Anlage 7) aufgestellt ist, sind alle Fahrzeuge verpflichtet, sich an einen betriebsbereiten Landstromanschluss anzuschließen und ihren gesamten Bedarf an elektrischer Energie während des Stillliegens daraus zu decken. Ausnahmen vom Gebot nach Satz 1 können auf einem rechteckigen weißen zusätzlichen Schild angegeben werden, das unterhalb des Tafelzeichens B.12 angebracht ist.

4. Nummer 3 findet keine Anwendung auf Fahrzeugen, die während des Stillliegens ausschließlich eine Energieversorgung nutzen, welche keine Geräusche sowie keine gasförmigen Schadstoffe und luftverunreinigenden Partikel verursacht.

§ 7.07 Mindestabstände bei Beförderung bestimmter gefährlicher Güter beim Stillliegen

1. Zu einem Fahrzeug, Schubverband oder zu gekuppelten Fahrzeugen müssen beim Stillliegen ein Fahrzeug, ein Schubverband oder gekuppelte Fahrzeuge folgende Mindestabstände einhalten:

a. 10,00 m, wenn eines oder einer von ihnen die Bezeichnung nach § 3.14 Nummer 1 führt;

b. 50,00 m, wenn eines oder einer von ihnen die Bezeichnung nach § 3.14 Nummer 2 führt;

c. 100,00 m, wenn eines oder einer von ihnen die Bezeichnung nach § 3.14 Nummer 3 führt.

2. Die Verpflichtung nach Nummer 1 Buchstabe a gilt nicht

a. für Fahrzeuge, Schubverbände und gekuppelte Fahrzeuge, die die gleiche Bezeichnung führen;

b. für Fahrzeuge, die diese Bezeichnung nicht führen, jedoch nach ADN Abschnitt 1.16.1 ein Zulassungszeugnis besitzen und die Sicherheitsbestimmungen einhalten, die für ein Fahrzeug nach § 3.14 Nummer 1 gelten.

3. In besonderen Fällen kann die zuständige Behörde Ausnahmen zulassen.

§ 7.08 Wache und Aufsicht

1. Eine einsatzfähige Wache muss sich ständig an Bord aufhalten

a. von stillliegenden Fahrzeugen, die das Kennzeichen nach § 2.06 tragen,

b. von stillliegenden Fahrzeugen, die eine Bezeichnung nach § 3.14 führen, und

c. von stillliegenden Fahrzeugen, auf denen sich Fahrgäste befinden.

2. Die einsatzfähige Wache wird durch ein Mitglied der Besatzung festgestellt, das

a. bei Fahrzeugen nach Nummer 1 Buchstabe a Inhaber einer Sachkundebescheinigung nach § 4a.02 der Verordnung über das Schiffspersonal auf dem Rhein ist,

b. bei Fahrzeugen nach Nummer 1 Buchstabe b Inhaber einer Sachkundebescheinigung nach § 4.01 der Verordnung über das Schiffspersonal auf dem Rhein ist.

3. An Bord stillliegender Fahrzeuge, die das Kennzeichen nach § 2.06 tragen, ist eine einsatzfähige Wache nicht erforderlich, wenn

a. Flüssigerdgas (LNG) an Bord der Fahrzeuge nicht als Brennstoff verbraucht wird,

b. die technischen Daten des LNG-Systems der Fahrzeuge aus der Ferne abgelesen werden und

c. die Fahrzeuge von einer Person, die in der Lage ist, im Bedarfsfall rasch einzugreifen, beaufsichtigt werden.

4. An Bord stillliegender Fahrzeuge, die eine Bezeichnung nach § 3.14 tragen, ist eine einsatzfähige Wache nicht erforderlich, wenn

a. diese in einem Hafenbecken stillliegen und

b. die zuständige Behörde die Fahrzeuge von der Verpflichtung nach Nummer 1 befreit.

5. Alle übrigen Fahrzeuge, Schwimmkörper oder schwimmenden Anlagen müssen beim Stillliegen von einer Person, die in der Lage ist, im Bedarfsfall rasch einzugreifen, beaufsichtigt werden, es sei denn, die Aufsicht ist wegen der örtlichen Verhältnisse nicht erforderlich oder die zuständige Behörde lässt eine Ausnahme zu.

6. Gibt es keinen Schiffsführer, ist jeweils der Eigentümer, Ausrüster oder sonstige Betreiber für den Einsatz der Wache und der Aufsicht verantwortlich.

Kapitel 8 Zusatzbestimmungen (§ 8.01 bis § 8.13)

§ 8.01 Höchstabmessungen der Fahrzeuge und Verbände

1. Unbeschadet des § 9.04 dürfen Fahrzeuge und Verbände folgende Abmessungen nicht überschreiten:

Wasserstraßenbereich	Fahrzeugart	Länge m	Breite m
a. Moselmündung bis Metz	Fahrzeug, ausgenommen Fahrgastschiff	135,00	11,45
b. Moselmündung bis Metz	Schubverband	172,10	11,45
c. Moselmündung bis Metz	Schleppverband	250,00	11,45
d. Moselmündung bis Metz	Fahrgastschiff	110,00	11,45
e. Moselmündung bis zu Mosel-km 200,100	Fahrgastschiff	135,00	11,45

2. Fahrzeuge, ausgenommen Fahrgastschiffe, mit einer Länge über 110,00 m bis 135,00 m dürfen die Mosel nur befahren, wenn sie die Anforderungen des Artikels 28.04 Nummer 2 ES-TRIN erfüllen. Sie müssen einen Eintrag im Schiffsattest unter der Nummer 52 haben, dass sie den besonderen Anforderungen nach Artikel 28.04 Nummer 2 Buchstabe a bis e ES-TRIN genügen.

3. Fahrgastschiffe mit einer Länge über 110,00 m bis 135,00 m dürfen die Mosel nur befahren, wenn sie die Anforderungen des Artikels 28.04 Nummer 3 ES-TRIN erfüllen. Sie müssen einen Eintrag im Schiffsattest unter der Nummer 52 haben, dass sie den besonderen Anforderungen nach Artikel 28.04 Nummer 3 Buchstabe a bis e ES-TRIN genügen.

4. Die von den für den jeweiligen Stromabschnitt zuständigen Behörden erteilten und am 31. Dezember 2009 gültigen Sondererlaubnisse für Fahrzeuge über 110,00 m bis 135,00 m Länge, die nicht die Nummer 2 oder Nummer 3 dieser Regelung erfüllen, bleiben mit den aus Sicherheitsgründen erteilten notwendigen Auflagen auf dem jeweiligen Stromabschnitt weiterhin gültig.

5. Die zuständige Behörde kann in den Fällen der Nummer 1 Buchstabe a, d und e Ausnahmen im Hinblick auf die Breite zulassen und für die Fahrt eine Sondererlaubnis erteilen.

6. Die erteilten Sondererlaubnisse sind an Bord mitzuführen und auf Verlangen der Wasserschutzpolizei und den Bediensteten der zuständigen Behörde zur Kontrolle auszuhändigen.

7. Bei der Fahrtplanung ist zu beachten, dass in bestimmten Bereichen, insbesondere im Bereich von Mosel-km 205,680 bis Mosel-km 242,200 (deutsch-luxemburgische Strecke), keine Wendemöglichkeiten für Schiffe mit einer Länge von 110,00 m bis 135,00 m bestehen.

8. Alle Fahrzeuge mit einer Länge über 110,00 m bis 135,00 m müssen bei der Benutzung von Schifffahrtsanlagen besondere Vorsicht walten lassen und eine gesteigerte nautische Sorgfalt beachten. Der Maschinenantrieb sowie die Bugstrahlanlage sind nicht über das nautisch erforderliche Maß zu benutzen.

§ 8.01a Fahrgeschwindigkeit

Unbeschadet der §§ 1.04 und 1.06 beträgt die zulässige Höchstgeschwindigkeit gegenüber dem Ufer allgemein 30 km/h einschließlich der Altwässer im französischen Abschnitt und 15 km/h auf den französischen Kanalstrecken.

Diese Geschwindigkeitsbeschränkung gilt nicht:

a. für Kleinfahrzeuge auf freien Flussstrecken, solange die in Fahrtrichtung einsehbare Wasserfläche frei von anderen Benutzern der Wasserstraße ist. Hierbei darf die Geschwindigkeit gegenüber dem Ufer 60 km/h nicht überschreiten;

b. für Kleinfahrzeuge, die einen oder mehrere Wasserskiläufer auf den für das Wasserskilaufen durch das Zeichen E.17 freigegebenen Strecken schleppen;

c. für Fahrzeuge mit Sondererlaubnis, die im Rahmen einer nach § 1.23 genehmigten Veranstaltung von der zuständigen Behörde erteilt wurde;

d. für Fahrzeuge der Überwachungsbehörden, die die Bezeichnung nach § 3.27 führen;

e. für bestimmte Strecken, auf denen die zuständige Behörde befristet oder unbefristet eine abweichende Höchstgeschwindigkeit zugelassen hat.

§ 8.02 Geschleppte und schleppende Schubverbände

1. Ein Schubverband darf nicht geschleppt werden.

In Ausnahmefällen, die durch außergewöhnliche örtliche Verhältnisse bedingt sind, dürfen Schubverbände jedoch geschleppt werden, wenn die Schifffahrt dadurch nicht behindert wird.

2. Ein Schubverband darf keine Schlepptätigkeit ausüben, sofern nicht die für den jeweiligen Flussabschnitt zuständige Behörde eine Sondererlaubnis für die Fahrt erteilt.

§ 8.03 Schubverbände, die andere Fahrzeuge als Schubleichter mitführen

Ein Schubverband darf andere Fahrzeuge als Schubleichter mitführen, wenn dies im Schiffsattest des schiebenden und des geschobenen Fahrzeugs ausdrücklich zugelassen ist.

Diese Fahrzeuge müssen längsseits an einem Schubverband, der aus dem schiebenden Fahrzeug mit einem oder zwei Schubleichtern in einer Linie hintereinander besteht, gekuppelt werden, es sei denn, dass ihr Schiffsattest oder die als Ersatz zugelassene Urkunde bescheinigt, dass sie geeignet sind, im Schubverband zu fahren.

§ 8.04 Schubverbände, die Trägerschiffsleichter mitführen

Trägerschiffsleichter dürfen nicht an die Spitze eines Schubverbandes gesetzt werden. Die für die jeweiligen Flussabschnitte zuständigen Behörden können jedoch Ausnahmen hiervon zulassen.

§ 8.05 Fortbewegung von Schubleichtern außerhalb eines Schubverbandes

Schubleichter dürfen außerhalb eines Schubverbandes nur unter Beachtung der von der zuständigen Behörde erlassenen Vorschriften oder mit ihrer Erlaubnis auf kurzen Strecken fortbewegt werden.

§ 8.06 Kupplungen der Schubverbände

1. Die Kupplungen eines Schubverbandes müssen die starre Verbindung aller Fahrzeuge gewährleisten.

2. Die Verbindungen mittels der Kupplungen müssen sich schnell und leicht herstellen und lösen lassen.

3. Die Kupplungen müssen durch geeignete Einrichtungen, vorzugsweise Spezialwinden, gleichmäßig gespannt gehalten werden.

4. Bei Schubverbänden bis zu 11,45 m Breite, die aus einem schiebenden und einem geschobenen Fahrzeug bestehen, gilt als starre Verbindung auch ein Kupplungssystem, das ein gesteuertes Knicken des Verbandes ermöglicht, sofern im Schiffsattest dieser Fahrzeuge ein entsprechender Vermerk eingetragen ist.

§ 8.07 Sprechverbindung auf Verbänden sowie Fahrzeeugen, deren Länge 110,00 m überschreitet

1. (ohne Inhalt)

2. Schubverbände und Fahrzeuge, deren Länge 110,00 m überschreitet, müssen mit der der jeweiligen Strecke folgenden Schleuse Funkverbindung auf den Kanälen des Nautischen Informationsfunkes, die von den zuständigen Behörden bekannt gemacht werden, Verbindung aufnehmen, sobald sie in folgende Moselstrecken einfahren:

a. von Mosel-km 16,00 bis Mosel-km 25,00 (Lehmen)

b. von Mosel-km 31,30 bis Mosel-km 40,20 (Müden)

c. von Mosel-km 52,50 bis Mosel-km 63,40 (Fankel)

d. von Mosel-km 69,20 bis Mosel-km 81,60 (St. Aldegund)

e. von Mosel-km 98,50 bis Mosel-km 106,60 (Enkirch)

f. von Mosel-km 120,00 bis Mosel-km 126,50 (Zeltingen)

g. von Mosel-km 137,00 bis Mosel-km 143,80 (Wintrich)

h. von Mosel-km 158,00 bis Mosel-km 171,00 (Detzem)

i. von Mosel-km 191,00 bis Mosel-km 200,00 (Trier)

j. von Mosel-km 206,00 bis Mosel-km 219,00 (Grevenmacher-Wellen)

k. von Mosel-km 223,00 bis Mosel-km 234,00 (Stadtbredimus-Palzem)

l. von Mosel-km 237,00 bis Mosel-km 245,50 (Apach)

m. von Mosel-km 253,00 bis Mosel-km 263,00 (Koenigsmacker)

n. von Mosel-km 264,00 bis Mosel-km 275,00 (Diedenhofen/Thionville)

o. von Mosel-km 272,00 bis Mosel-km 282,00 (Orne)

p. von Mosel-km 280,50 bis Mosel-km 288,50 (Talange)

q. von Mosel-km 292,00 bis Mosel-km 301,50 (Metz)

und bis zur Einfahrt in die Schleuse auf Empfang geschaltet bleiben. Außerdem haben sich zu Berg fahrende Schubverbände bei km 226,00 nochmals über Funk bei der Schleuse Stadtbredimus-Palzem zu melden.

3. Ist ein Schubverband länger als 110,00 m, muss eine Sprechverbindung zwischen dem Steuerstand des schiebenden Fahrzeugs und der Spitze des Schubverbandes vorhanden sein.

4. Ist ein Fahrzeug länger als 110,00 m, muss eine Sprechverbindung zwischen dem Steuerstand und dem Bug vorhanden sein.

5. Bei gekuppelten Fahrzeugen mit Maschinenantrieb muss zwischen den Steuerständen beider Fahrzeuge eine Sprechverbindung in beide Richtungen bestehen.

6. Bei Schleppverbänden muss zwischen den Steuerständen aller Fahrzeuge eine Sprechverbindung bestehen.

7. Als Sprechverbindung darf nicht der Verkehrskreis Schiff-Schiff benutzt werden.

§ 8.08 Begehbarkeit der Schubverbände

Der Schubverband muss leicht und gefahrlos begehbar sein. Etwaige Zwischenräume zwischen den Fahrzeugen müssen durch geeignete Schutzvorrichtungen gesichert sein.

§ 8.09 (ohne Inhalt)

§ 8.10 Bleib-weg-Signal

1. Bei Zwischenfällen oder Unfällen, die ein Freiwerden der beförderten gefährlichen Güter verursachen können, muss das Bleib-weg-Signal ausgelöst werden auf

   a. Tankschiffen, die eine Bezeichnung nach § 3.14 Nummer 1 oder 2 führen müssen und

   b. Fahrzeugen, die die Bezeichnung nach § 3.14 Nummer 3 führen müssen,

wenn die Besatzung nicht in der Lage ist, die durch das Freiwerden für Personen oder die Schifffahrt entstehenden Gefahren abzuwenden.

Dies gilt nicht für Schubleichter und sonstige Fahrzeuge ohne Maschinenantrieb. Wenn diese jedoch zu einem Verband gehören, muss das Bleib-weg-Signal von dem Fahrzeug gegeben werden, auf dem sich der Führer des Verbandes befindet.

2. Das Bleib-weg-Signal besteht aus einem Schall- und Lichtzeichen.

Das Schallzeichen besteht aus der mindestens 15 Minuten lang ununterbrochenen Wiederholung abwechselnd eines kurzen und eines langen Tones.

Gleichzeitig mit dem Schallzeichen muss das Lichtzeichen nach § 4.01 Nummer 2 gegeben werden.

Nach dem Auslösen muss das Bleib-weg-Signal selbsttätig ablaufen; der Auslöser muss so beschaffen sein, dass er nicht unbeabsichtigt betätigt werden kann.

3. Fahrzeuge, die das Bleib-weg-Signal wahrnehmen, müssen alle Maßnahmen zur Abwendung der drohenden Gefahr ergreifen. Insbesondere müssen sie

   a. wenn sie in Richtung auf die Gefahrenzone fahren, sich in möglichst weiter Entfernung von dieser halten und erforderlichenfalls wenden;

b. wenn sie an der Gefahrenzone bereits vorbeigefahren sind, so schnell wie möglich weiterfahren.

4. Auf den in Nummer 3 genannten Fahrzeugen sind sofort folgende Maßnahmen zu treffen:

a. alle Fenster und nach außen führenden Öffnungen sind zu schließen;

b. alle nicht geschützten Feuer und Lichter sind zu löschen;

c. das Rauchen ist einzustellen;

d. die für den Betrieb nicht erforderlichen Hilfsmaschinen sind abzustellen;

e. allgemein ist jede Funkenbildung zu vermeiden.

Ist das Fahrzeug zum Halten gebracht, sind alle noch in Betrieb befindlichen Motoren und Hilfsmaschinen stillzusetzen oder stromlos zu machen.

5. Nummer 4 gilt auch für Fahrzeuge, die in der Nähe der Gefahrenzone stillliegen, sobald sie das Bleib-weg-Signal wahrnehmen; gegebenenfalls ist das Fahrzeug zu verlassen.

6. Bei der Ausführung der Maßnahmen nach den Nummern 3 bis 5 sind Strömung und Windrichtung zu berücksichtigen.

7. Die Maßnahmen nach den Nummern 3 bis 6 sind auf den Fahrzeugen auch dann zu ergreifen, wenn das Bleib-weg-Signal am Ufer ausgelöst wird.

8. Der Schiffsführer, der das Bleib-weg-Signal wahrnimmt, muss die nächste zuständige Behörde nach den gegebenen Möglichkeiten hiervon sofort unterrichten.

§ 8.11 Sicherheit an Bord von Fahrzeugen, die für die Beförderung und Übernachtung von mehr als 12 Fahrgästen zugelassen sind

Für Fahrzeuge, die für die Beförderung und Übernachtung von mehr als 12 Fahrgästen zugelassen sind, gelten:

a. an Bord muss sich eine Sicherheitsrolle befinden, die die Aufgaben der Besatzung und des Personals bei einem Notfall enthält. Weiterhin müssen Verhaltensmaßregeln für die Fahrgäste im Falle eines Lecks, eines Feuers und bei der Räumung des Fahrzeugs vorliegen. Sicherheitsrolle und Verhaltensmaßregeln müssen an mehreren, jeweils geeigneten Stellen ausgehängt sein;

b. Besatzung und Personal müssen die in Buchstabe a genannte Sicherheitsrolle kennen und regelmäßig in ihren Aufgaben unterwiesen werden;

c. während des Aufenthalts von Fahrgästen an Bord müssen die Fluchtwege völlig frei von Hindernissen sein. Die Türen und Notausstiege der Fluchtwege müssen von beiden Seiten leicht zu öffnen sein;

d. bei Antritt jeder Fahrt, die länger als 1 Tag dauert, sind den Fahrgästen Sicherheitsanweisungen zu erteilen;

e. solange Fahrgäste an Bord sind, muss nachts jede Stunde ein Kontrollgang durchgeführt werden. Die Durchführung muss auf geeignete Weise nachweisbar sein.

§ 8.12 Sicherheit an Bord der Fahrzeuge, die Flüssigerdgas (LNG) als Brennstoff nutzen

1. Vor Beginn des Bunkerns von Flüssigerdgas (LNG) muss der Schiffsführer des zu bebunkernden Fahrzeugs sich davon vergewissern, dass

a. die vorgeschriebenen Mittel zur Brandbekämpfung jederzeit betriebsbereit sind und

b. die vorgeschriebenen Mittel zur Evakuierung der an Bord des zu bebunkernden Fahrzeugs befindlichen Personen zwischen dem Fahrzeug und dem Kai angebracht sind.

2. Während des Bunkerns von Flüssigerdgas (LNG) müssen alle Zugänge von Deck aus und alle Öffnungen von Räumen ins Freie geschlossen sein. Dies gilt nicht für

a. Ansaugöffnungen von Motoren in Betrieb;

b. Lüftungsöffnungen von Maschinenräumen, wenn die Motoren in Betrieb sind;

c. Lüftungsöffnungen für Räume mit einer Überdruckanlage und

d. Lüftungsöffnungen einer Klimaanlage, wenn diese Öffnungen mit einer Gasspüranlage versehen sind.

Zugänge und Öffnungen dürfen nur soweit notwendig für kurze Zeit mit der Genehmigung des Schiffsführers geöffnet werden.

3. Während des Bunkerns von Flüssigerdgas (LNG) hat sich der Schiffsführer ununterbrochen zu vergewissern, dass ein Rauchverbot an Bord und im Bunkerbereich eingehalten wird. Dieses Rauchverbot gilt auch für elektronische Zigaretten und ähnliche Geräte. Das Rauchverbot gilt nicht in den Wohnungen und im Steuerhaus, sofern deren Fenster, Türen, Oberlichter und Luken geschlossen sind.

4. Nach der Bebunkerung mit Flüssigerdgas (LNG) ist eine Lüftung aller von Deck aus zugänglichen Räume erforderlich.

§ 8.13 Anlegestellen für Fahrgastschiffe

1. Fahrgastschiffe dürfen nur an Anlegestellen anlegen, die von der zuständigen Behörde allgemein, im Einzelfall oder für den Schiffsbetrieb zugelassen sind.

2. Diese Fahrzeuge dürfen an den Anlegestellen nur so lange liegenbleiben, wie dies zum Ein- und Aussteigen der Fahrgäste

sowie zum Laden und Löschen von Gütern notwendig ist. Die zuständige Behörde kann Ausnahmen zulassen.

Kapitel 9 Besondere Regeln für die Fahrt und das Stillliegen (§ 9.01 bis § 9.05)

§ 9.01 Fahrbeschränkungen

Beim Durchfahren der Flusskrümmung in Höhe der Eisenbahnbrücke südlich von Diedenhofen/Thionville sind folgende Bestimmungen zu beachten:

Bei rotem Licht müssen Bergfahrer an der Kaimauer am linken Ufer unterhalb von km 268,50 (Beginn der Krümmung) anhalten.

Bei grünem Licht dürfen Bergfahrer ihre Fahrt fortsetzen und die Brückenöffnung durchfahren. Wenn kein Licht gezeigt wird, müssen Bergfahrer "einen langen Ton" geben, an der Kaimauer anhalten und die Anweisungen des zuständigen Aufsichtsdienstes abwarten.

Talfahrer dürfen in die Krümmung nur mit Erlaubnis der Schleusenaufsicht von Diedenhofen/Thionville einfahren.

§ 9.02 Durchfahrt durch die Schleuse Metz außerhalb der Betriebszeiten

1. Außerhalb der der Schifffahrt bekannt gegebenen Betriebszeiten ist für die Durchfahrt durch die Schleuse Metz eine vorherige Anmeldung erforderlich, der stattgegeben wird, sofern nicht außergewöhnliche Betriebsschwierigkeiten dem entgegenstehen. Für eine Schleusung nach Ende der bekannt gegebenen Betriebszeit und vor der Wiederaufnahme des Betriebs am folgenden Tag muss die Anmeldung spätestens um 15.00 Uhr vorliegen. Sie muss dem regionalen Meldezentrum übermittelt werden.

2. Bei der Anmeldung sind anzugeben:

   a. der Name und die Anschrift des Anmeldenden und des Schiffsführers,

   b. der Name oder die Bezeichnung des Fahrzeugs sowie die Zahl und die Art der Anhänge,

c. der Ausgangshafen und die Endbestimmung des Fahrzeugs,

d. der Zeitpunkt des voraussichtlichen Eintreffens an jeder Schleuse.

3. Wird eine angemeldete Fahrt nicht angetreten, so ist die Schleuse, die die Voranmeldung entgegengenommen hat, unverzüglich zu benachrichtigen. Wird die Fahrt unterbrochen, so sind die dann nicht mehr betroffenen Schleusen unverzüglich zu benachrichtigen. Die Anmeldung wird hinfällig, wenn der Zeitpunkt des Eintreffens in der Schleuse Metz um mehr als eine Stunde überschritten wird.

§ 9.03 Verkehrsregelung im Unterkanal der Koblenzer Schleusen

1. Die Fahrrinnentiefe der Mosel beträgt von der Moselmündung (Mosel-km 0,00) bis zu der Schleuse Koblenz (Mosel-km 1,96) 2,50 m bei Gleichwertigem Wasserstand (GlW) des Rheins.

2. Zu Berg kommende Fahrzeuge müssen vor der Balduinbrücke (Mosel-km 1,031) am Halteschild (Nordufer) anhalten und sich über Sprechfunk (Kanal 20) bei der Schleuse Koblenz melden.

Sie dürfen erst nach Weisung des Schleusenpersonals die in Fahrtrichtung gesehen rechts liegende Brückenöffnung und die in Fahrtrichtung gesehen rechts liegende Schleusenkammer oder die in Fahrtrichtung gesehen links liegende Brückenöffnung und die in Fahrtrichtung gesehen links liegende Schleusenkammer ansteuern.

3. Zu Berg kommende Fahrzeuge mit einer Tauchtiefe über 2,50 m und Fahrzeugzusammenstellungen über 110,00 m Länge müssen die in Fahrtrichtung gesehen rechts liegende (nördliche) Brückenöffnung und die in Fahrtrichtung gesehen rechts liegende (nördliche) Schleusenkammer benutzen.

Solange ihnen diese Brückenöffnung und diese Schleusenkammer nicht zugewiesen wird, haben sie vor dem Halteschild am Nordufer zu warten.

4. Nach dem Durchfahren der Eisenbahnbrücke ist zu Berg kommenden Fahrzeugen eine Kreuzung des Fahrwassers ohne besondere Anweisung der Schleusenaufsicht verboten.

§ 9.04 Fahrt von Schubverbänden in der Moselmündung

1. Von der Mündung der Mosel in den Rhein bis Mosel-km 1,0 dürfen Schubverbände mit einer Länge bis zu 193,00 m und einer Breite bis zu 22,90 m verkehren.

2. Schubverbände, deren Breite 11,45 m überschreitet, müssen rechtzeitig vor der Einfahrt über Sprechfunk auf Kanal 20 mit der Schleuse Koblenz Verbindung aufnehmen, sich über die Verkehrslage unterrichten lassen und auf Empfang geschaltet bleiben. Über Kanal 10 ist ebenfalls rechtzeitig vor der Einfahrt im Abstand von jeweils einer Minute eine Standortmeldung mit der Angabe der Entfernung vom Deutschen Eck zu geben. In der Zwischenzeit ist auch Kanal 10 auf Empfang zu schalten.

§ 9.05 Meldepflicht

1. Die Schiffsführer der Verbände und der nachfolgend aufgeführten Fahrzeuge müssen sich vor der Einfahrt in die unter Nummer 11 genannten Strecken oder bei Antritt der Fahrt innerhalb dieser Strecken auf dem bekannt gegebenen Kanal über Sprechfunk melden:

   a. Fahrzeuge, die Güter an Bord haben, deren Beförderung dem ADN unterliegt;

   b. Tankschiffe, ausgenommen Bunkerboote und Bilgenentölungsboote im Sinne des Abschnitts 1.2.1 der dem ADN beigefügten Verordnung;

   c. Fahrzeuge, die Container befördern;

   d. Fahrzeuge mit einer Länge über 110 m;

e. Kabinenschiffe;

f. Seeschiffe;

g. Fahrzeuge, die ein LNG-System an Bord haben;

h. Sondertransporte nach § 1.21.

2. Im Rahmen der Meldung nach Nummer 1 sind anzugeben:

a. Schiffsname des Fahrzeugs und bei Verbänden aller Fahrzeuge im Verband;

b. einheitliche europäische Schiffsnummer oder amtliche Schiffsnummer, bei Seeschiffen IMO-Nummer des Fahrzeugs und bei Verbänden aller Fahrzeuge im Verband;

c. Art des Fahrzeugs oder Verbands und bei Verbänden, Art aller Fahrzeuge gemäß Anlage 12;

d. Tragfähigkeit des Fahrzeugs und bei Verbänden aller Fahrzeuge im Verband;

e. Länge und Breite des Fahrzeugs und bei Verbänden Länge und Breite des Verbands und aller Fahrzeuge im Verband;

f. Vorhandensein eines LNG-Systems an Bord; g. bei Fahrzeugen, die Güter an Bord haben, deren Beförderung dem ADN unterliegt:

aa. die UN-Nummer oder Nummer des Gefahrguts;

bb. die offizielle Benennung für die Beförderung des Gefahrguts;

cc. die Klasse, den Klassifizierungscode und gegebenenfalls die Verpackungsgruppe des Gefahrguts;

dd. die Gesamtmenge der gefährlichen Güter, für die diese Angaben gelten;

ee. die Anzahl blauer Lichter/Kegel; h. bei Fahrzeugen, die Güter an Bord haben, deren Beförderung nicht dem ADN unterliegt und die nicht in einem Container befördert werden: Art und Menge der Ladung;

i. Anzahl der an Bord befindlichen Container entsprechend ihrer Größe, ihres Types und ihres Beladungszustandes (beladen oder unbeladen) und die jeweilige Stauplanposition der Container;

j. Containernummer der Gefahrgutcontainer;

k. Anzahl der an Bord befindlichen Personen;

l. Standort, Fahrtrichtung;

m. Tiefgang (nur auf besondere Aufforderung);

n. Fahrtroute mit Angabe von Start- und Zielhafen;

o. Beladehafen;

p. Entladehafen.

3. Die unter Nummer 2 genannten Angaben mit Ausnahme von Buchstabe l und m können auch von anderen Stellen oder Personen schriftlich, telefonisch oder auf elektronischem Wege der zuständigen Behörde mitgeteilt werden. In jedem Fall muss der Schiffsführer seiner Meldepflicht nach Nummer 1 genügen.

4. Sofern sich der Schiffsführer oder eine andere Stelle oder Person auf elektronischem Wege meldet,

a. muss die Meldung gemäß dem Standard für elektronische Meldungen in der Binnenschifffahrt in der jeweils geltenden Fassung der Zentralkommission für die Rheinschifffahrt erfolgen,

b. ist abweichend von Nummer 2 Buchstabe c der Typ des Fahrzeugs oder Verbands gemäß dem in Buchstabe a genannten Standard anzugeben.

5. Die Meldung nach Nummer 2 mit Ausnahme der Angaben von Buchstabe l und m muss bei folgenden Fahrzeugen auf elektronischem Wege erfolgen:

a. Verbänden und Fahrzeugen, die Container an Bord haben;

b. Verbänden und Fahrzeugen, bei denen mindestens ein Fahrzeug zur Güterbeförderung in festverbundenen Tanks bestimmt ist, ausgenommen Bunkerboote und Bilgenentölungsboote im Sinne des Abschnitts 1.2.1 der dem ADN beigefügten Verordnung.

6. Unterbricht ein Verband oder ein Fahrzeug nach Nummer 1 die Fahrt für mehr als zwei Stunden, hat der Schiffsführer dies der zuständigen Behörde nach Nummer 11 unverzüglich zu Beginn und am Ende der Unterbrechung über Sprechfunk mitzuteilen.

7. Ändern sich die Angaben nach Nummer 2 während der Fahrt in der Strecke, wo die Meldepflicht gilt, ist dies der zuständigen Behörde nach Nummer 11 unverzüglich mitzuteilen. Die Änderung der Angaben ist über Sprechfunk, schriftlich oder auf elektronischem Wege zu übermitteln.

8. Folgende Fahrzeuge oder Verbände, die in die Mosel einfahren, müssen an den weiteren Meldepunkten in ihrer Fahrtrichtung nur noch die Angaben nach Nummer 2 Buchstabe a bis c wiederholen:

a. Fahrzeuge oder Verbände, die bereits eine vollständige Meldung nach Nummer 2 abgegeben haben,

b. Fahrzeuge oder Verbände, die bereits auf dem Rhein eine Meldung nach § 12.01 der Rheinschifffahrtspolizeiverordnung abgegeben haben,

c. Fahrzeuge oder Verbände, die bereits auf der Saar eine Meldung nach § 20.15 der Binnenschifffahrtsstraßen-Ordnung abgegeben haben.

Bei Verbänden müssen diese Angaben nur für das Fahrzeug mitgeteilt werden, das die Hauptantriebskraft stellt.

9. Unabhängig der Verpflichtung nach Nummer 1 müssen sich die Schiffsführer aller Fahrzeuge und Verbände, ausgenommen Fähren und Kleinfahrzeuge, auf dem von der zuständigen Behörde bekannt gegebenen Kanal bei Vorbeifahrt am Tafelzeichen B.11 in ihrer Fahrtrichtung melden und die Angaben nach Nummer 2 Buchstabe a bis c machen. Bei Verbänden müssen diese Angaben nur für das Fahrzeug mitgeteilt werden, das die Hauptantriebskraft stellt.

10. Die meldepflichtige Moselstrecke nach Nummer 1 sowie die Meldepunkte innerhalb dieser Strecke sind mit dem Tafelzeichen B.11 (Anlage 7) und einer Zusatztafel "Meldepflicht" gekennzeichnet.

11. Auf den Strecken

a. Moselmündung (km 0) bis Sauermündung (km 205,87),

b. Sauermündung (km 205,87) bis Apach (km 242,21) und

c. Apach (km 242,21) bis zur Schleuse Metz (km 296,88),

die mit dem Tafelzeichen B.11 und einer Zusatztafel "Meldepflicht" gekennzeichnet sind, gilt die Meldepflicht nach Nummer 1 mit folgenden Maßgaben:

- auf der Strecke nach Buchstabe a sind die Angaben nach Nummer 2 vom Schiffsführer an die Revierzentrale Oberwesel zu übermitteln,

- auf der Strecke nach Buchstabe b sind die Angaben nach Nummer 2 vom Schiffsführer an die jeweiligen Schleusen zu übermitteln,

- auf der Strecke nach Buchstabe c sind die Angaben nach Nummer 2 vom Schiffsführer an die Leitzentrale Kœnigsmacker zu übermitteln,

12. Die zuständige Behörde kann für Bunkerboote und Bilgenentölungsboote im Sinne des Abschnitts 1.2.1 der dem ADN beigefügten Verordnung sowie Tagesausflugsschiffe eine Meldepflicht und deren Umfang festlegen.

Kapitel 10 Beschränkung der Schifffahrt bei Hochwasser (§ 10.01 bis § 10.02)

§ 10.01 Hochwassermarken

1. Die Hochwassermarken werden durch folgende Wasserstände bestimmt:

Pegelbezeichnung	Marke I / m	Marke II / m	Marke III / m
Pegel Metz (Pont des Morts)	3,20	4,20	4,20
Unterpegel Wehr Uckange	1,90	3,30	3,30
Koenigsmacker			7,80
Apach			3,60
Stadtbredimus-Palzem	3,70	4,50	5,30
Grevenmacher-Wellen			5,20
Trier	5,20	5,80	6,95
Detzem			7,05
Wintrich			6,75
Zeltingen			6,95
Enkirch			7,80
St. Aldegund			7,75
Fankel			7,80
Pegel Cochem	4,50	5,00	etwa 6,00
Unterpegel Müden			7,30
Lehmen			7,15
Rheinpegel Koblenz			6,50

2.

a. Die Hochwassermarken I und II gelten für folgende Strecken:

Metz (Pont des Morts) für die Haltung Argancy,

Wehr Uckange für die Haltung Uckange,

Stadtbredimus-Palzem vom Unterwasser Diedenhofen/Thionville bis Oberwasser Grevenmacher-Wellen,

Trier vom Unterwasser Grevenmacher-Wellen bis Oberwasser Zeltingen,

Cochem vom Unterwasser Zeltingen bis Oberwasser Koblenz.

b. Die Hochwassermarken III gelten für die Stauhaltungen, an deren oberen Enden sie angebracht sind. Der Rheinpegel Koblenz ist bestimmend für das Unterwasser der Schleusen Koblenz bis zur Moselmündung. Für die Strecke zwischen Mosel-km 3,55 (Hafen Rauental und Liegestelle am rechten Ufer) und dem Unterwasser der Schleusen Koblenz wird die Hochwassermarke III durch den Wasserstand von 9,15 m am Unterpegel Lehmen bestimmt.

§ 10.02 Regeln für die Fahrt, wenn die Hochwassermarken erreicht oder überschritten sind

1. Erreicht oder überschreitet der Wasserstand die Hochwassermarke I, so ist

a. Schleppverbänden die Talfahrt verboten. Unbeschadet dieses Verbots haben sie den nächsten Sicherheitshafen oder den nächsten geeigneten Liegeplatz außerhalb der Schleusenvorhäfen aufzusuchen. Die zuständige Behörde kann in Einzelfällen Ausnahmen zulassen.

b. Talfahrer, die dem Fahrverbot nach Buchstabe a nicht unterliegen, müssen auf den Strecken 4 km oberhalb der Schleusen von vorausfahrenden Fahrzeugen einen Abstand von etwa 1.000 m halten, solange diese nicht in die oberen Schleusenvorhäfen eingefahren sind.

c. Fahrzeuge dürfen in den oberen Schleusenvorhäfen nicht stillliegen.

d. Unbeschadet der Bestimmungen des § 6.20 darf die Höchstgeschwindigkeit der Talfahrer gegenüber dem Ufer 20 km/h nicht überschreiten.

e. Fahrzeuge, die nach Stillliegezeiten in der Stauhaltung Stadtbredimus-Palzem ihre Fahrt zu Tal antreten wollen, müssen dies vorher ankündigen und ihre Abfahrtszeiten mit der Schleuse Stadtbredimus-Palzem abstimmen.

2. Erreicht oder überschreitet der Wasserstand die Hochwassermarke II, ist Fahrzeugen mit Maschinenantrieb die Fahrt zu Tal verboten, deren Ladungsgewicht in Tonnen mehr als das 2,7fache ihrer Maschinen-Nennleistung in Kilowatt (etwa das 2fache in PS) beträgt. Unbeschadet dieses Verbots haben sie den nächsten Sicherheitshafen oder den nächsten geeigneten Liegeplatz außerhalb der Schleusenvorhäfen aufzusuchen.

3. Erreicht oder überschreitet der Wasserstand die Hochwassermarke III, ist die Schifffahrt mit Ausnahme des Übersetzverkehrs verboten. Unbeschadet dieses Verbots haben alle Fahrzeuge den nächsten Sicherheitshafen aufzusuchen oder - soweit dies nicht möglich ist - an der nächsten geeigneten Stelle außerhalb der Schleusenvorhäfen stillzuliegen.

4. Der obere Teil des oberen Vorhafens der Schleuse Koenigsmacker ist Sicherheitshafen.

Zweiter Teil - Umweltbestimmungen

Kapitel 11 Gewässerschutz und Entsorgung von Schiffsabfällen (§ 11.01 bis § 11.09)

§ 11.01 Begriffsbestimmungen und Anwendung

1. Für dieses Kapitel gelten die Begriffsbestimmungen des Artikels 1 des Übereinkommens über die Sammlung, Abgabe und Annahme von Abfällen in der Rhein- und Binnenschifffahrt (CDNI) und der Artikel 5.01 und 8.01 der Anlage 2 des Übereinkommens.

2. Die Einzelheiten der Anwendung der Bestimmungen dieses Kapitels sind im CDNI geregelt.

§ 11.02 Allgemeine Sorgfaltspflicht § 11.03 Verbot der Einbringung und Einleitung

Der Schiffsführer, die übrige Besatzung und sonstige Personen an Bord, müssen die nach den Umständen gebotene Sorgfalt anwenden, um eine Verschmutzung der Wasserstraße zu vermeiden, die Menge des entstehenden Schiffsabfalls und -abwassers so gering wie möglich zu halten und eine Vermischung verschiedener Abfallarten so weit wie möglich zu vermeiden.

§ 11.04 Sammlung und Behandlung der Abfälle an Bord

1. Es ist verboten, von Fahrzeugen aus öl- oder fetthaltigen Schiffsbetriebsabfall, Slops, Hausmüll, Klärschlamm und übrigen Sonderabfall, Teile der Ladung sowie Abfälle aus dem Ladungsbereich in die Wasserstraße einzubringen oder einzuleiten.

2. Ausnahmen von diesem Verbot sind nur in Übereinstimmung mit dem CDNI zulässig.

3. Sind die in Nummer 1 genannten Abfälle frei geworden oder drohen sie frei zu werden, muss der Schiffsführer unbeschadet der Bestimmungen des CDNI unverzüglich die nächste zuständige

Behörde darüber unterrichten; dabei hat er den Ort des Vorfalls sowie Menge und Art des Stoffes so genau wie möglich anzugeben.

§ 11.05 Ölkontrollbuch, Abgabe an Annahmestellen

1. Der Schiffsführer hat sicherzustellen, dass die in § 11.03 Nummer 1 genannten Abfälle, mit Ausnahme von Teilen der Ladung und Abfällen aus dem Ladungsbereich, an Bord getrennt in dafür vorgesehenen Behältern und Bilgenwasser in den Maschinenraumbilgen gesammelt werden. Die Behälter sind an Bord so zu lagern, dass auslaufende Stoffe leicht und rechtzeitig erkannt und zurückgehalten werden können.

2. Es ist verboten,

a. an Deck gestaute lose Behälter als Altölsammelbehälter zu verwenden,

b. Abfälle an Bord zu verbrennen,

c. öl-, fettlösende oder emulgierende Reinigungsmittel in die Maschinenraumbilgen einzubringen. Ausgenommen hiervon sind Mittel, die die Reinigung des Bilgenwassers durch die Annahmestellen nicht erschweren.

§ 11.06 Sorgfaltspflicht beim Bunkern

1. Jedes motorgetriebene Fahrzeug muss, soweit es Gasöl verwendet, ein gültiges Ölkontrollbuch an Bord haben, das von einer zuständigen Behörde nach dem Muster der Anlage 10 ausgestellt wird. Dieses Kontrollbuch ist an Bord aufzubewahren. Nach seiner Erneuerung muss das vorhergehende Kontrollbuch mindestens sechs Monate nach der letzten Eintragung an Bord aufbewahrt werden.

2. Die öl- und fetthaltigen Schiffsbetriebsabfälle, Slops und übrigen Sonderabfälle sind in regelmäßigen, durch den Zustand und den Betrieb des Fahrzeugs bestimmten Zeitabständen an die von den zuständigen Behörden zugelassenen Annahmestellen gegen

Nachweis abzugeben. Der Nachweis besteht aus einem Vermerk der Annahmestelle im Ölkontrollbuch.

3. Ein Fahrzeug, das aufgrund von Regelungen, die außerhalb der Mosel gültig sind, andere Dokumente über die Abgabe von Schiffsbetriebsabfällen führt, muss in diesen anderen Dokumenten den Nachweis der Abgabe von Abfällen außerhalb der Mosel erbringen können. Als Nachweis in diesem Sinne gilt auch das Öltagebuch nach dem Internationalen Übereinkommen zur Verhütung der Meeresverschmutzung durch Schiffe (MARPOL).

4. Hausmüll und Klärschlamm sind an den dafür vorgesehenen Annahmestellen abzugeben.

§ 11.07 Sorgfaltspflicht beim Bunkern von Flüssigerdgas (LNG)

1. Der Schiffsführer hat beim Bunkern von Brenn- und Schmierstoffen dafür zu sorgen, dass

   a. die zu bunkernde Menge innerhalb des ablesbaren Bereichs der Peileinrichtung liegt,

   b. bei separater Befüllung der Brennstofftanks die Absperrventile innerhalb der Verbindungsrohrleitungen der Brennstofftanks geschlossen sind,

   c. der Bunkervorgang überwacht wird und

   d. eine der Einrichtungen nach Artikel 8.05 Nummer 10 Buchstabe a ES-TRIN oder einer gleichwertigen Vorschrift der Moseluferstaaten genutzt wird.

2. Der Schiffsführer hat weiter dafür zu sorgen, dass die für den Bunkervorgang verantwortlichen Personen der Bunkerstelle und des Fahrzeugs vor Beginn des Bunkervorgangs Folgendes festgelegt haben:

a. die Sicherstellung der Funktionsfähigkeit des Systems nach Artikel 8.05 Nummer 11 ES-TRIN oder einer gleichwertigen Vorschrift der Moseluferstaaten,

b. eine Sprechverbindung zwischen Schiff und Bunkerstelle,

c. die zu bunkernde Menge je Brennstofftank und die Einfüllleistung, insbesondere im Hinblick auf mögliche Entlüftungsprobleme des Brennstofftanks,

d. die Reihenfolge der Tankbefüllung des Brennstofftanks und e. die Fahrgeschwindigkeit, wenn während der Fahrt gebunkert wird.

3. Der Schiffsführer eines Bunkerbootes darf mit dem Bunkervorgang erst beginnen, wenn die Festlegungen nach Nummer 2 erfolgt sind.

§ 11.08 Sammlung, Abgabe und Annahme von Abfällen aus dem Ladungsbereich

1. Die in § 11.06 Nummer 1 Buchstabe a und Buchstabe b und Nummer 2 Buchstabe a und e genannten Vorschriften gelten nicht beim Bunkern von Flüssigerdgas (LNG).

2. Das Bunkern von Flüssigerdgas (LNG) während der Fahrt, beim Umschlag von Gütern sowie beim Ein- und Aussteigen von Fahrgästen ist nicht gestattet.

3. Das Bunkern von Flüssigerdgas (LNG) darf nur an den von der zuständigen Behörde bekannt gegebenen Stellen erfolgen.

4. Im Bunkerbereich dürfen sich nur Besatzungsmitglieder des zu bebunkernden Fahrzeugs, Mitarbeiter der Bunkerstelle oder Personen aufhalten, die über eine von der zuständigen Behörde erteilten Erlaubnis verfügen.

5. Vor Beginn des Bunkerns von Flüssigerdgas (LNG) hat sich der Schiffsführer des zu bebunkernden Fahrzeugs zu vergewissern, dass

a. das zu bebunkernde Fahrzeug so festgemacht ist, dass Kabel, insbesondere die elektrischen Kabel, die Erdungskabel und die Schlauchleitungen nicht aufgrund von Zug verformt werden und die Fahrzeuge bei Gefahr rasch losgemacht werden können,

b. von ihm oder von einer von ihm beauftragten Person und von der für die Bunkerstelle verantwortlichen Person eine Prüfliste für das Bunkern von Flüssigerdgas (LNG) durch Fahrzeuge, die das Kennzeichen nach § 2.06 tragen, gemäß dem Standard der ZKR ausgefüllt und unterschrieben wurde und alle Fragen in der Prüfliste mit "Ja" beantwortet sind. Nicht zutreffende Fragen sind zu streichen. Können nicht alle Fragen mit "Ja" beantwortet werden, ist das Bunkern nur mit Genehmigung der zuständigen Behörde gestattet.

c. alle erforderlichen Unterlagen vorliegen.

6. Die Prüfliste nach Nummer 5 Buchstabe b muss

a. in zweifacher Ausfertigung ausgefüllt werden,

b. in mindestens einer Sprache vorliegen, die den in Nummer 5 Buchstabe b bezeichneten Personen verständlich ist, und

c. drei Monate an Bord des Fahrzeugs aufbewahrt werden.

7. Während des Bunkerns von Flüssigerdgas (LNG) hat sich der Schiffsführer ununterbrochen zu vergewissern, dass

a. alle Maßnahmen getroffen sind, um das Austreten von Flüssigerdgas (LNG) aus einer Leckage zu verhindern;

b. Druck und Temperatur des Brennstofftanks für Flüssigerdgas (LNG) im normalen Betriebszustand bleiben;

c. der Füllstand des Brennstofftanks für Flüssigerdgas (LNG) zwischen den zulässigen Niveaus bleibt;

d. Maßnahmen getroffen sind, um das zu bebunkernde Fahrzeug von der Bunkerstelle nach der in der Betriebsanleitung vorgesehenen Methode zu erden.

8. Während des Bunkerns von Flüssigerdgas (LNG)

a. muss das zu bebunkernde Fahrzeug zusätzlich zur Kennzeichnung nach § 2.06 eine für andere Fahrzeuge sichtbare Tafel führen, die darauf hinweist, dass das Stillliegen in weniger als 10 m Entfernung gemäß § 3.33 verboten ist. Die Seitenlänge des Quadrats dieser Tafel muss mindestens 60 cm betragen;

b. muss das zu bebunkernde Fahrzeug zusätzlich zur Kennzeichnung nach § 2.06 an einer für andere Fahrzeuge sichtbaren Stelle die Tafel A.9 führen, die darauf hinweist, dass Wellenschlag zu vermeiden ist (Anlage 7). Die Abmessung der längsten Stelle muss mindestens 60 cm betragen;

c. müssen bei Nacht die Tafeln so beleuchtet sein, dass sie auf beiden Seiten des Fahrzeugs deutlich sichtbar sind.

9. Nach dem Bunkern von Flüssigerdgas (LNG) ist Folgendes erforderlich:

a. vollständige Entleerung der Rohrleitungen für das Bunkern von Flüssigerdgas (LNG) bis zum Brennstofftank;

b. Schließen der Ventile, Trennen der Schlauchleitungen und der Verbindung zwischen Fahrzeug und Bunkerstelle für Flüssigerdgas (LNG);

c. Meldung an die zuständige Behörde, dass das Bunkern abgeschlossen ist.

§ 11.09 Anstrich und Außenreinigung der Fahrzeuge

1. Bei der Restentladung sowie bei der Abgabe und Annahme von Abfällen aus dem Ladungsbereich hat der Schiffsführer die Vorschriften des Teils B der Anwendungsbestimmung des CDNI einzuhalten.

2. Jedes Fahrzeug, das auf der Mosel entladen wurde, muss für jede Entladung eine gültige Entladebescheinigung an Bord haben, die nach dem Muster des Anhangs IV der Anlage 2 des CDNI ausgestellt sein muss. Vorbehaltlich der im CDNI vorgesehenen

Ausnahmen ist die Bescheinigung nach ihrer Ausstellung mindestens sechs Monate an Bord aufzubewahren.

Anlagen

Anlage 1 Unterscheidungsbuchstabe oder -buchstabengruppe des Landes, in welchem der Heimat- oder Registerort der Fahrzeuge liegt

(nur Hinweis)

A: Österreich

B: Belgien

BG: Bulgarien

BIH: Bosnien und Herzegowina

BY: Weissrussland

CH: Schweiz

CZ: Tschechische Republik

D: Deutschland

F: Frankreich

FI: Finnland

HR: Kroatien

HU: Ungarn

I: Italien

L: Luxemburg

LT: Litauen

MD: Republik Moldau

MLT: Malta

N: Niederlande

NO: Norwegen

P: Portugal

PL: Polen

R: Rumänien

RUS: Russische Föderation

SE: Schweden

Sl: Slowenien

SRB: Serbien

SK: Slowakei

UA: Ukraine

Anlage 2 (ohne Inhalt)

Anlage 3 Bezeichnung der Fahrzeuge

1. Die nachstehenden Bilder dienen nur zur Erläuterung. Es ist stets vom Wortlaut der Verordnung auszugehen, der allein Geltung hat.

2. Schubverbände, deren Länge 110,00 m nicht überschreitet, gelten als einzeln fahrende Fahrzeuge von gleicher Länge.

Zeichenerklärung:

Ein Licht, das dem Blick des Beschauers tatsächlich entzogen ist, ist mit einem Punkt in der Mitte versehen. Bilder mit schwarzem Hintergrund enthalten die Lichter bei Nacht.

Nachtbezeichnung	Bild	Tagbezeichnung
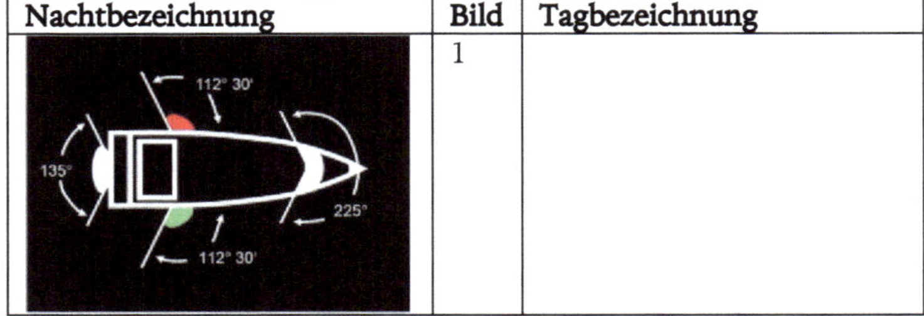	1	

§ 3.01 Begriffsbestimmungen und Anwendungen Nummer 1: Der Horizontbogen, über den das Topplicht, die Seitenlichter und das Hecklicht sichtbar sind

Nachtbezeichnung	Bild	Tagbezeichnung
	2	

§ 3.08 Einzeln fahrende Fahrzeuge mit Maschinenantrieb Nummer 1: Länge bis 110,00 m

Nachtbezeichnung	Bild	Tagbezeichnung
	3	

§ 3.08 Einzeln fahrende Fahrzeuge mit Maschinenantrieb Nummer 2: Länge mehr als 110,00 m

Nachtbezeichnung	Bild	Tagbezeichnung
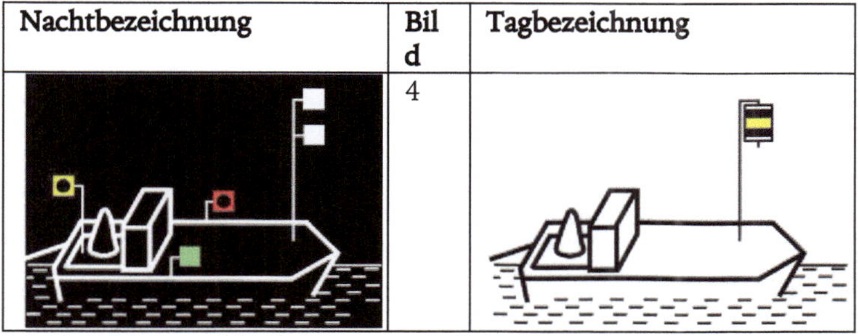	4	

§ 3.09 Schleppverbände Nummer 1: Fahrzeug mit Maschinenantrieb, das allein an der Spitze des Verbandes fährt

Nachtbezeichnung	Bild	Tagbezeichnung
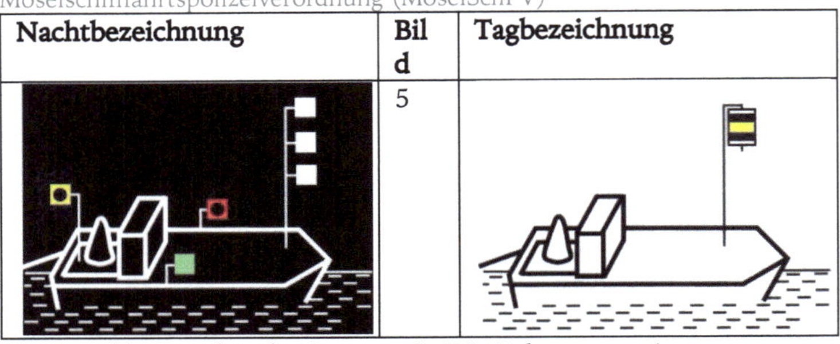	5	

§ 3.09 Schleppverbände Nummer 2: Die Fahrzeuge mit Maschinenantrieb, die zu mehreren nebeneinander an der Spitze des Verbandes fahren

Nachtbezeichnung	Bild	Tagbezeichnung
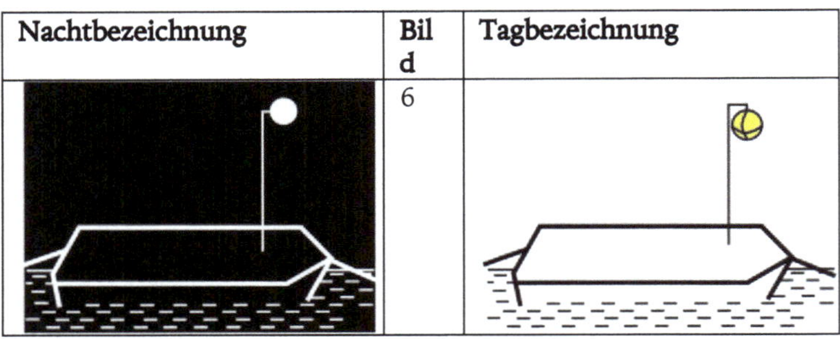	6	

§ 3.09 Schleppen Nummer 3: Geschleppte Fahrzeuge

Nachtbezeichnung	Bild	Tagbezeichnung
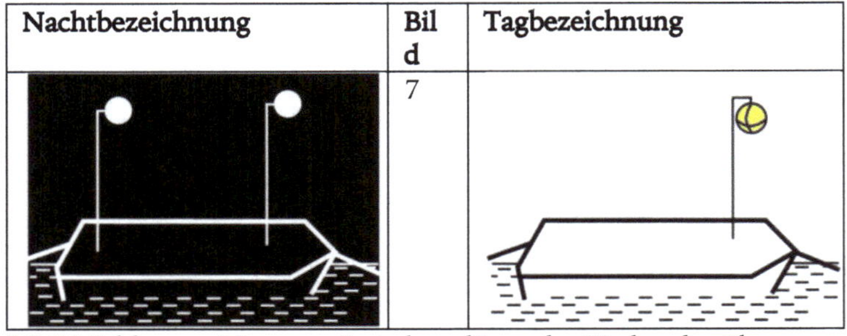	7	

§ 3.09 Schleppen Nummer 3: Anhanglänge des Verbandes über 110,00 m

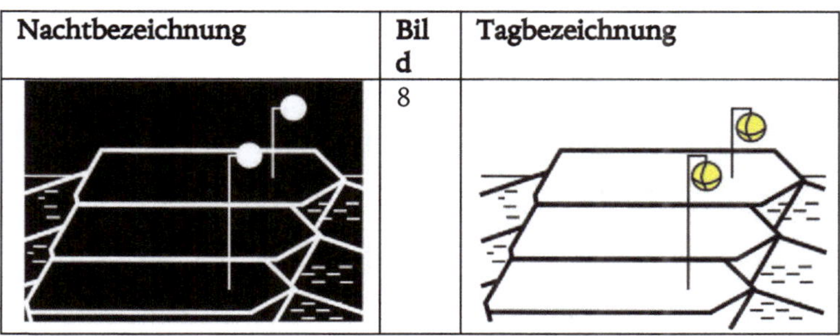

Nachtbezeichnung	Bil d	Tagbezeichnung
	8	

§ 3.09 Schleppen Nummer 3 Buchstabe b: Anhanglänge des Verbandes mit mehr als zwei längsseits verbundenen Fahrzeugen

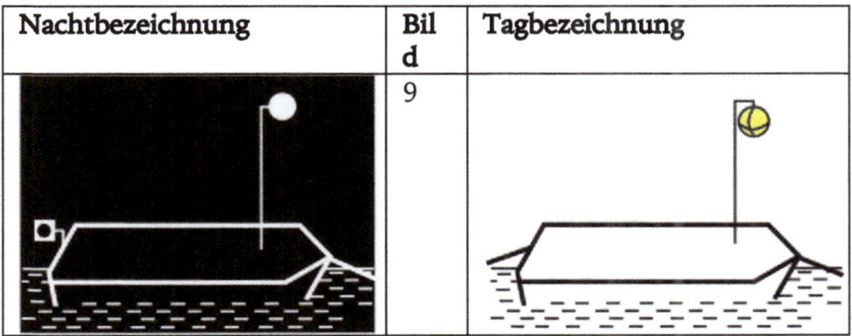

Nachtbezeichnung	Bil d	Tagbezeichnung
	9	

§ 3.09 Schleppen Nummer 4: Das Fahrzeug als letzte Anhanglänge des Schleppverbandes

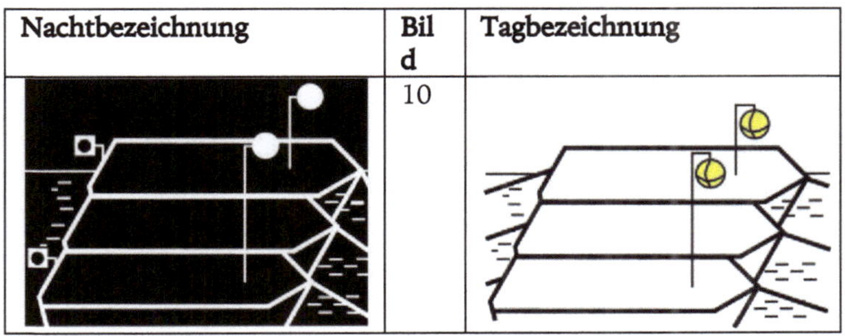

Nachtbezeichnung	Bil d	Tagbezeichnung
	10	

§ 3.09 Schleppen Nummer 4: Mehrere Fahrzeuge als letzte Anhanglänge des Schleppverbandes

Nachtbezeichnung	Bild	Tagbezeichnung
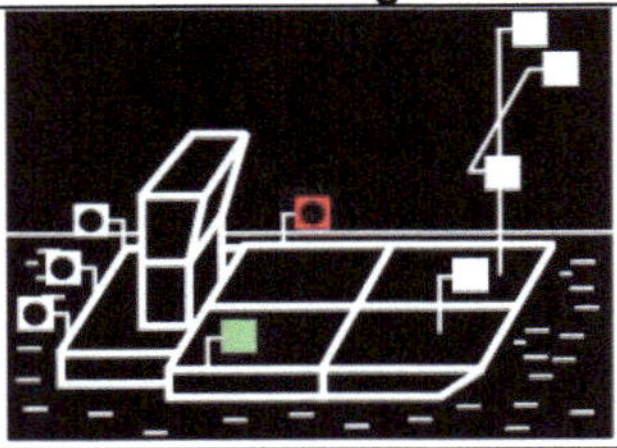	11	

§ 3.10 Schubverbände Nummer 1: Schubverband

Nachtbezeichnung	Bild	Tagbezeichnung
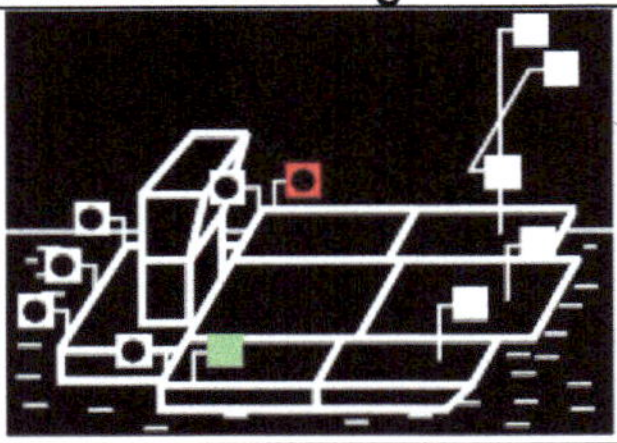	12	

§ 3.10 Schubverbände Nummer 1 Buchstabe c: Außer dem schiebenden Fahrzeug zwei oder mehr von hinten in ganzer Breite sichtbare Fahrzeuge

Nachtbezeichnung	Bild	Tagbezeichnung
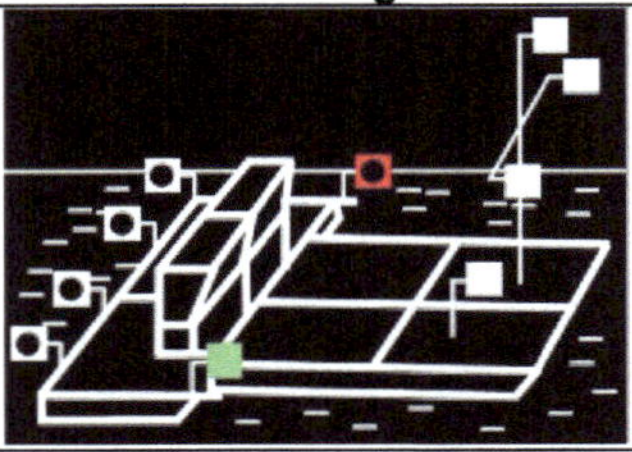	13	

§ 3.10 Schubverbände Nummer 2: Zwei schiebende Fahrzeuge

Nachtbezeichnung	Bil d	Tagbezeichnung
	14	

§ 3.10 Schubverbände Nummer 3 und 4: Geschleppte Schubverbände

Nachtbezeichnung	Bild	Tagbezeichnung
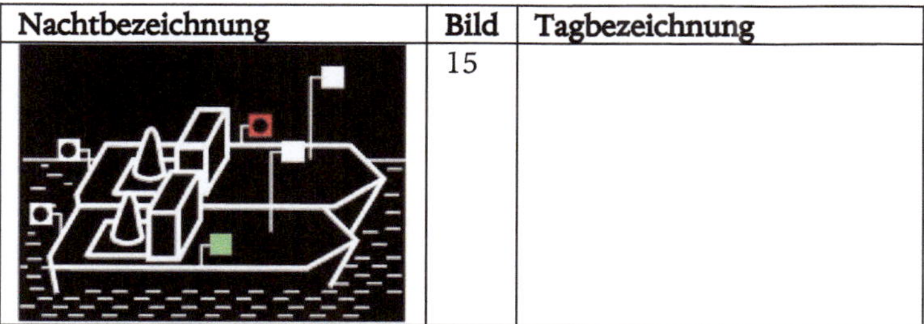	15	

§ 3.11 Gekuppelte Fahrzeuge Nummer 1: Zwei Fahrzeuge mit Maschinenantrieb

Nachtbezeichnung	Bild	Tagbezeichnung
	16	

§ 3.11 Gekuppelte Fahrzeuge Nummer 1: Ein Fahrzeug mit Maschinenantrieb und ein Fahrzeug ohne Maschinenantrieb

Nachtbezeichnung	**Bild**	**Tagbezeichnung**
	17	

§ 3.12 Fahrzeuge unter Segel

Nachtbezeichnung	**Bild**	**Tagbezeichnung**
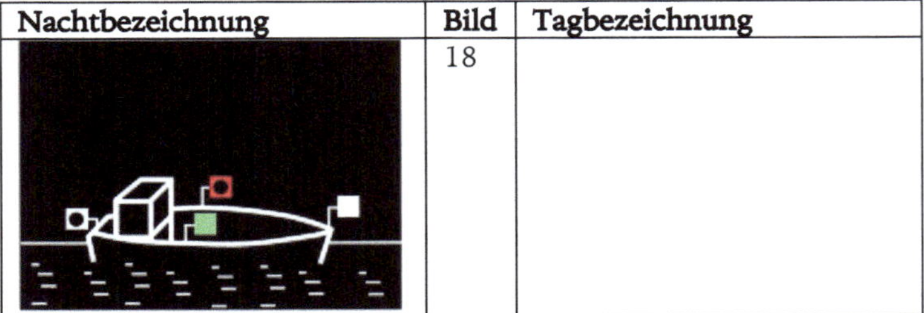	18	

§ 3.13 Kleinfahrzeuge Nummer 1 Buchstabe a, b und c: Kleinfahrzeuge mit Maschinenantrieb

Nachtbezeichnung	**Bild**	**Tagbezeichnung**
	19	

§ 3.13 Kleinfahrzeuge Nummer 1 Buchstabe d, e und f: Kleinfahrzeug mit Maschinenantrieb mit Seitenlichtern unmittelbar nebeneinander oder in einer einzigen Laterne

Nachtbezeichnung	Bild	Tagbezeichnung
	20	

§ 3.13 Kleinfahrzeuge Nummer 1 Buchstabe f: Kleinfahrzeug mit Maschinenantrieb mit einem von allen Seiten sichtbaren Licht

Nachtbezeichnung	Bild	Tagbezeichnung
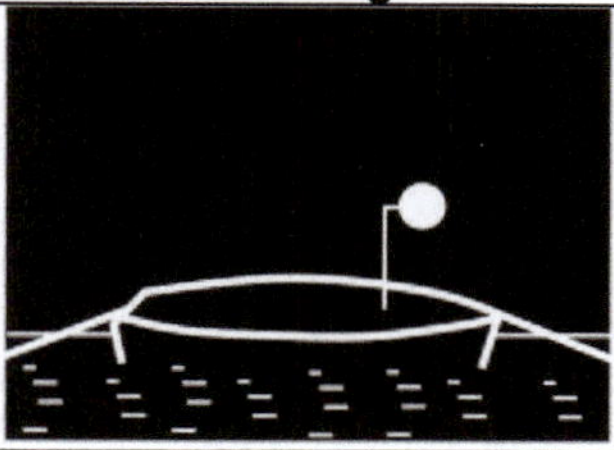	21	

§ 3.13 Kleinfahrzeuge Nummer 3: Geschleppt oder längsseits gekuppelt

Nachtbezeichnung	Bild	Tagbezeichnung
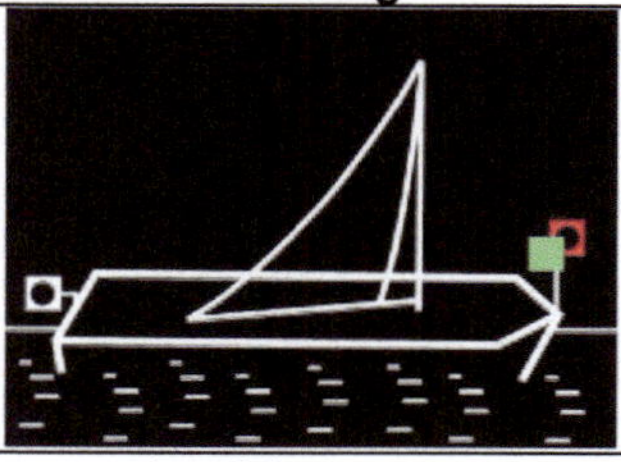	22	

§ 3.13 Kleinfahrzeuge Nummer 4: Unter Segel fahrend

Nachtbezeichnung	Bild	Tagbezeichnung
	23	

§ 3.13 Kleinfahrzeuge Nummer 4: Unter Segel fahrend mit einer einzigen Laterne am Topp

Nachtbezeichnung	Bild	Tagbezeichnung
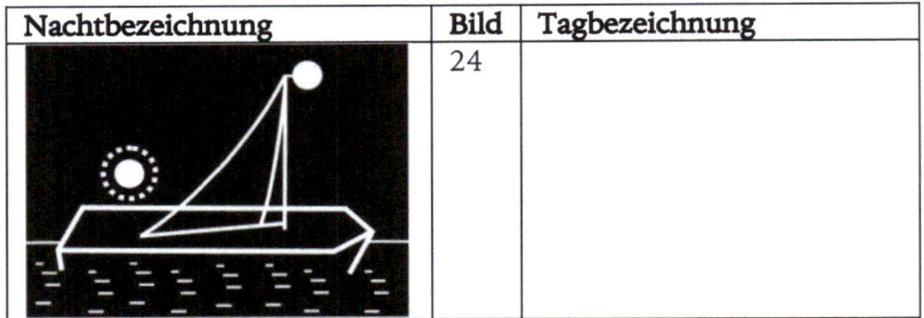	24	

§ 3.13 Kleinfahrzeuge Nummer 4: Unter Segel fahrend mit einem von allen Seiten sichtbaren Licht und bei Annäherung anderer Fahrzeuge ein zweites Licht zeigend

Nachtbezeichnung	Bild	Tagbezeichnung
	25	

§ 3.13 Kleinfahrzeuge Nummer 4: Unter Segel fahrend mit einem von allen Seiten sichtbaren Licht und bei Annäherung anderer Fahrzeuge ein zweites Licht zeigend

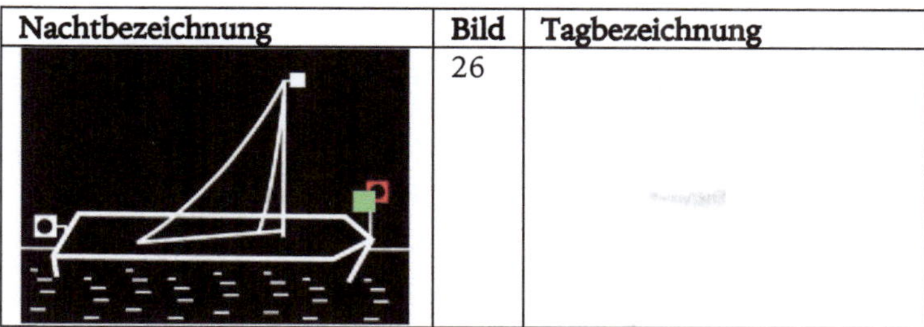

Nachtbezeichnung	Bild	Tagbezeichnung
	26	

§ 3.13 Kleinfahrzeuge Nummer 1 und 6: Unter Segel und gleichzeitig mit einer Antriebsmaschine fahrend

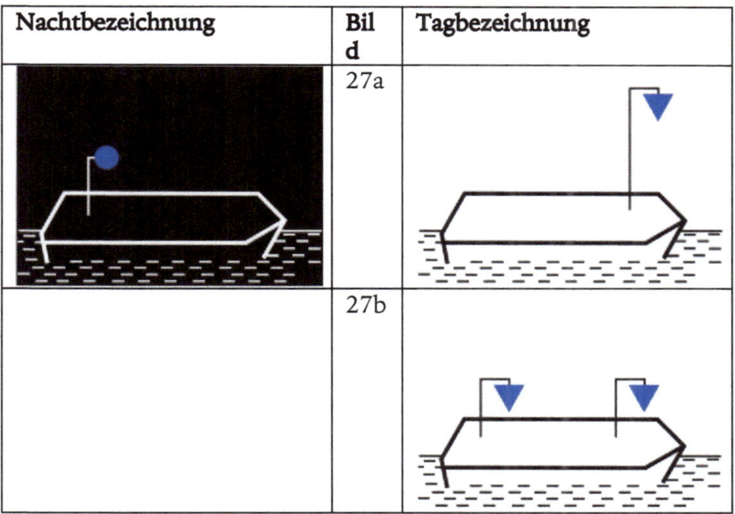

Nachtbezeichnung	Bil d	Tagbezeichnung
	27a	
	27b	

§ 3.14 Fahrzeuge bei Beförderung bestimmter gefährlicher Güter Nummer 1: Bestimmte entzündbare Stoffe nach ADN

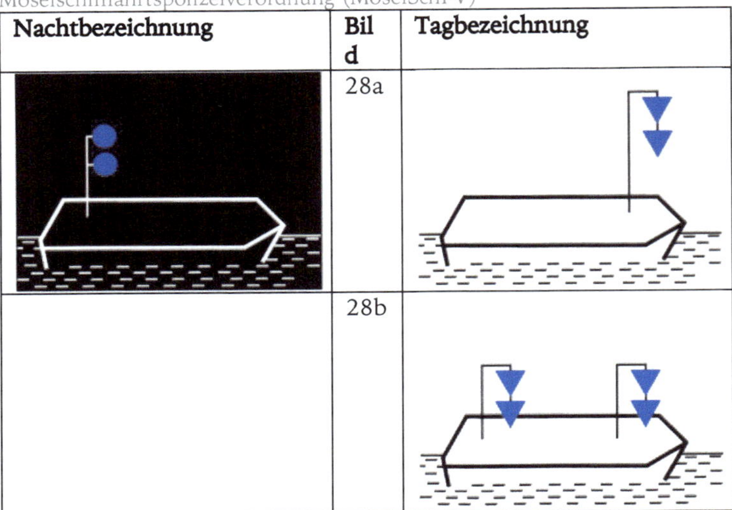

Nachtbezeichnung	Bil d	Tagbezeichnung
	28a	
	28b	

§ 3.14 Fahrzeuge bei Beförderung bestimmter gefährlicher Güter
Nummer 1: Bestimmte entzündbare Stoffe nach ADN

Nachtbezeichnung	Bild	Tagbezeichnung
	29	

§ 3.14 Fahrzeuge bei Beförderung bestimmter gefährlicher Güter
Nummer 1: Bestimmte entzündbare Stoffe nach ADN

Nachtbezeichnung	**Bil d**	**Tagbezeichnung**
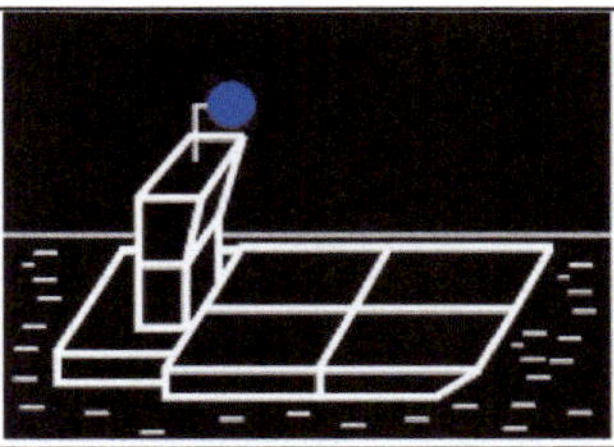	30	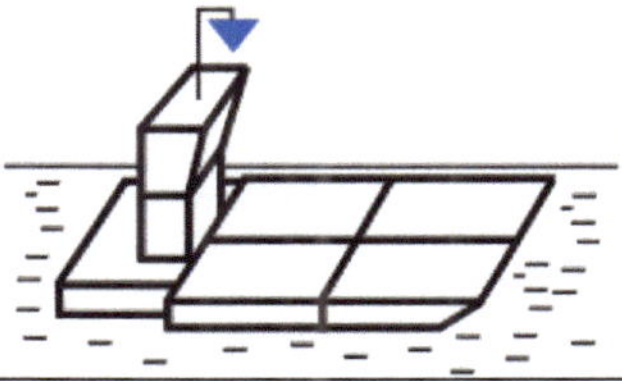

§ 3.14 Fahrzeuge bei Beförderung bestimmter gefährlicher Güter
Nummer 4: Schubverband

Nachtbezeichnung	**Bil d**	**Tagbezeichnung**
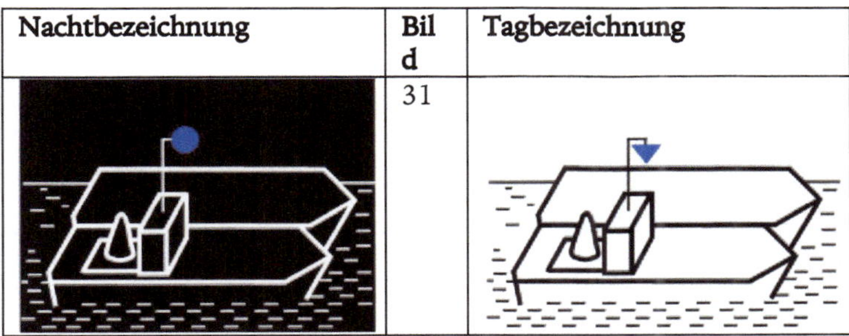	31	

§ 3.14 Fahrzeuge bei Beförderung bestimmter gefährlicher Güter
Nummer 4: Gekuppelte Fahrzeuge

Nachtbezeichnung	**Bil d**	**Tagbezeichnung**
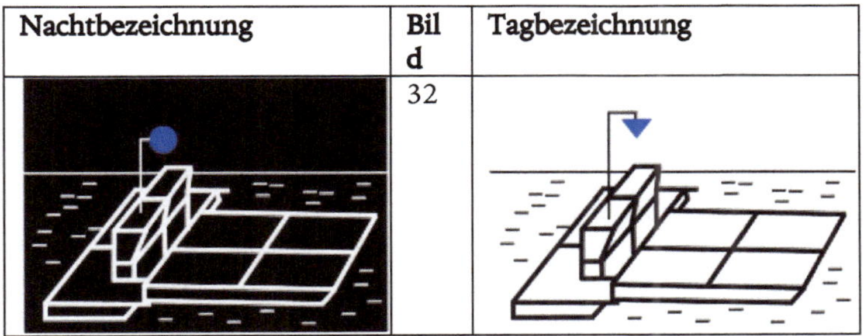	32	

§ 3.14 Fahrzeuge bei Beförderung bestimmter gefährlicher Güter
Nummer 5: Schubverbände mit zwei schiebenden Fahrzeugen

Nachtbezeichnung	Bild	Tagbezeichnung
	33	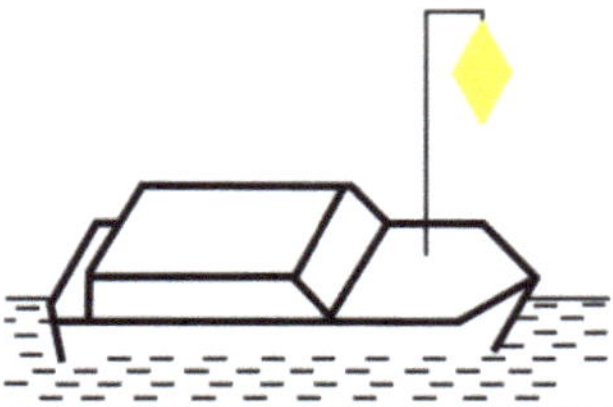

§ 3.15 Fahrzeuge, die zur Beförderung von mehr als 12 Fahrgästen zugelassen sind und deren Länge unter 20,00 m liegt

Nachtbezeichnung	Bild	Tagbezeichnung
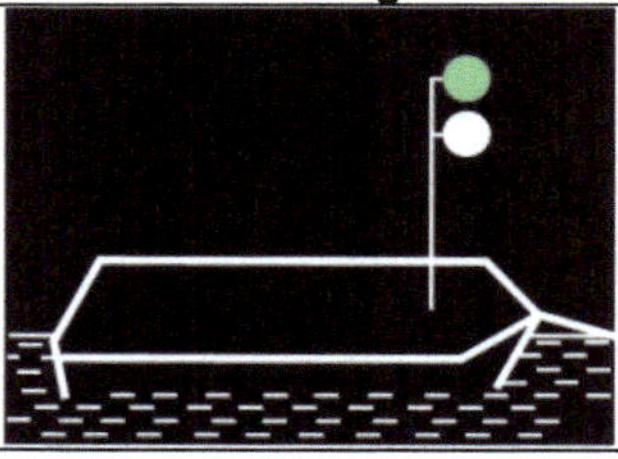	34	

§ 3.16 Fähren

Nachtbezeichnung	Bild	Tagbezeichnung
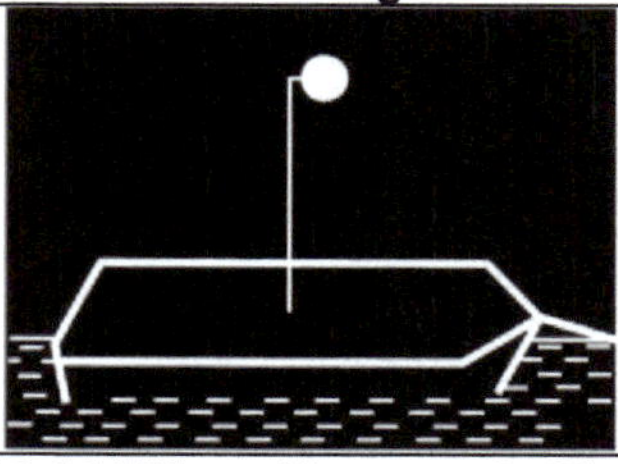	35	

§ 3.16 Fähren Nummer 2: Oberster Buchtnachen oder Döpper bei einer Gierfähre am Längsseil

Nachtbezeichnung	Bild	Tagbezeichnung
	36	

§ 3.16 Fähren Nummer 3: Frei fahrende Fähren

Nachtbezeichnung	Bild	Tagbezeichnung
	37	

§ 3.17 Fahrzeuge, die einen Vorrang besitzen

Nachtbezeichnung	Bil d	Tagbezeichnung
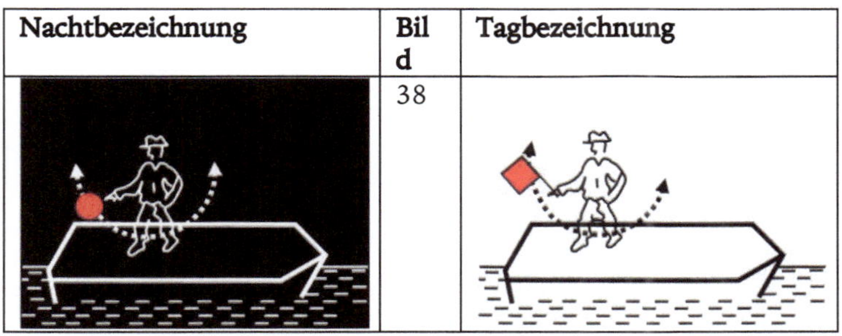	38	

§ 3.18 Manövrierunfähige Fahrzeuge

Nachtbezeichnung	Bild	Tagbezeichnung
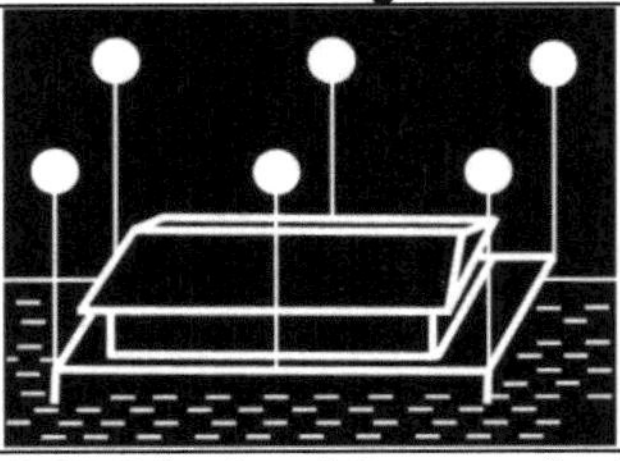	39	

§ 3.19 Schwimmkörper und schwimmende Anlagen

Nachtbezeichnung	Bild	Tagbezeichnung
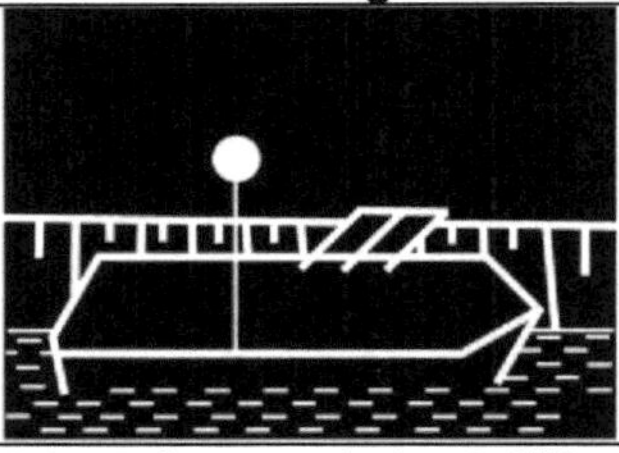	40	

§ 3.20 Fahrzeuge beim Stillliegen Nummer 1: Fahrzeuge mit Ausnahme der Kleinfahrzeuge, Fähren und schwimmenden Geräte bei der Arbeit

Nachtbezeichnung	Bild	Tagbezeichnung
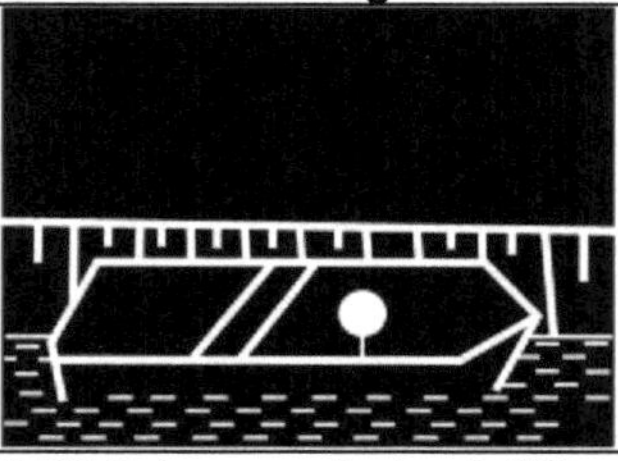	41	

§ 3.20 Fahrzeuge beim Stillliegen Nummer 2: Kleinfahrzeuge mit Ausnahme der Beiboote

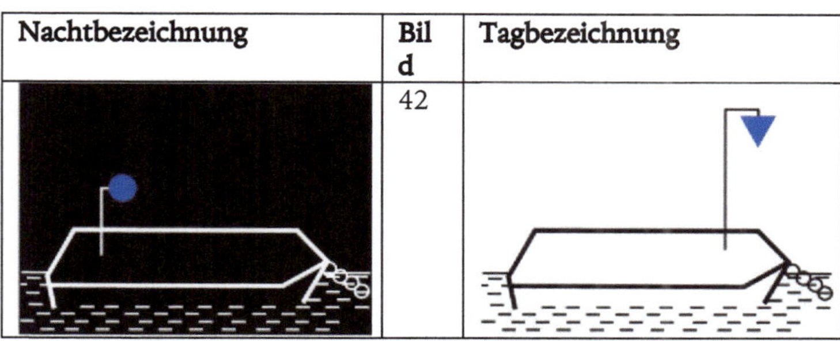

Nachtbezeichnung	Bil d	Tagbezeichnung
	42	

§ 3.21 Stillliegende Fahrzeuge bei Beförderung bestimmter gefährlicher Güter

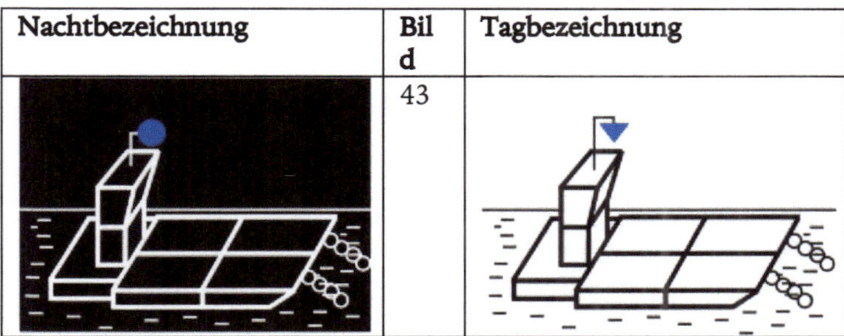

Nachtbezeichnung	Bil d	Tagbezeichnung
	43	

§ 3.21 Stillliegende Fahrzeuge bei Beförderung bestimmter gefährlicher Güter: Schubverbände

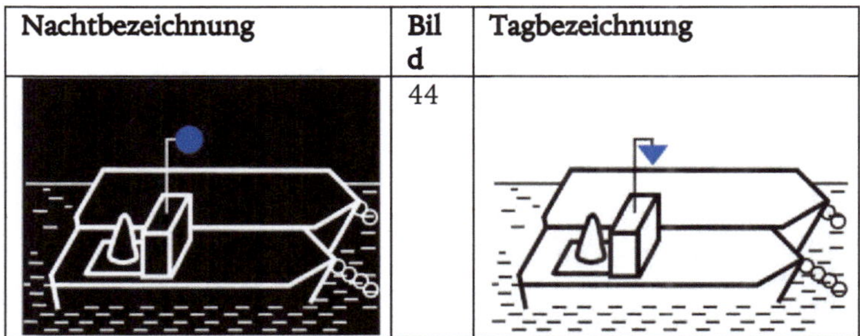

Nachtbezeichnung	Bil d	Tagbezeichnung
	44	

§ 3.21 Stillliegende Fahrzeuge bei Beförderung bestimmter gefährlicher Güter: Gekuppelte Fahrzeuge

Nachtbezeichnung	Bild	Tagbezeichnung
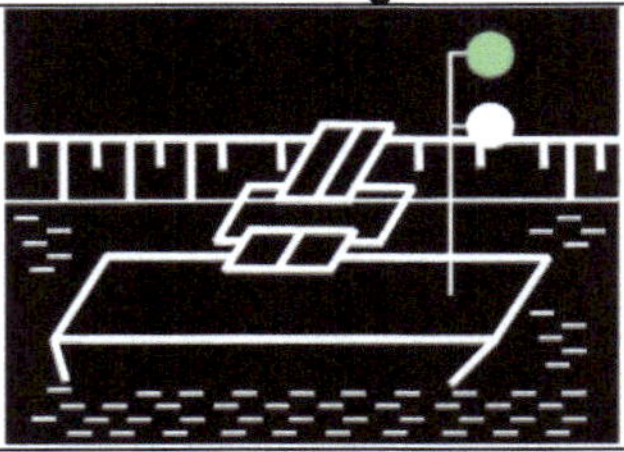	45	

§ 3.22 Fähren, die an ihrer Landestelle stillliegen Nummer 1: Nicht frei fahrende Fähren

Nachtbezeichnung	Bild	Tagbezeichnung
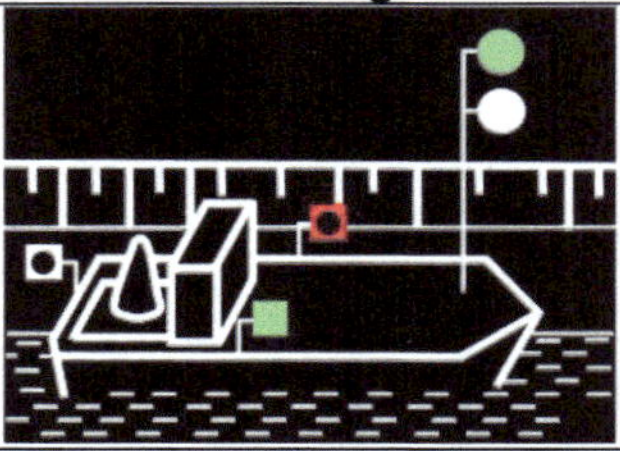	46	

§ 3.22 Fähren, die an ihrer Landestelle stillliegen Nummer 2: Frei fahrende Fähren

Nachtbezeichnung	Bild	Tagbezeichnung
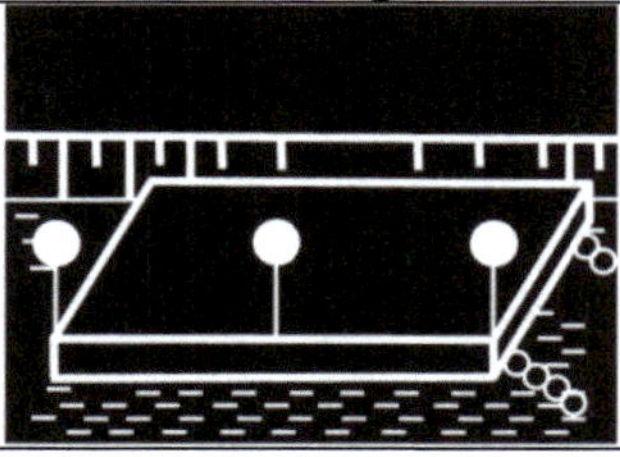	47	

§ 3.23 Schwimmkörper und schwimmende Anlagen

Nachtbezeichnung	**Bild**	**Tagbezeichnung**
	48	

§ 3.24 Fischereifahrzeuge mit Netzen oder Auslegern

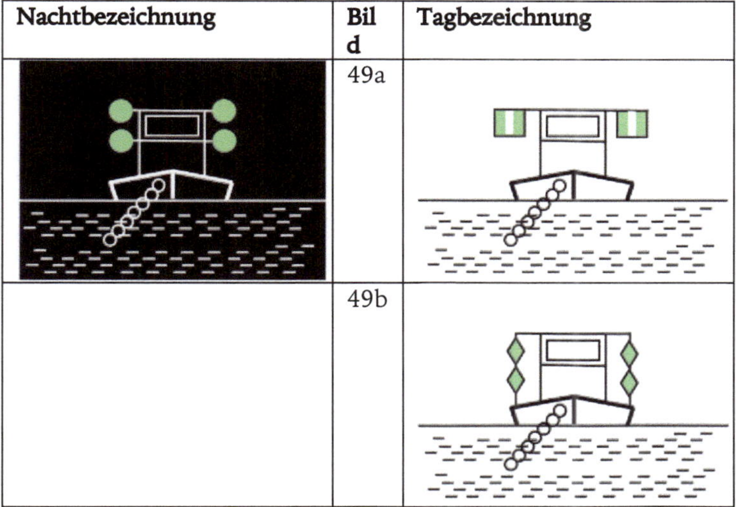

Nachtbezeichnung	**Bild**	**Tagbezeichnung**
	49a	
	49b	

§ 3.25 Schwimmende Geräte bei der Arbeit sowie festgefahrene oder gesunkene Fahrzeuge Nummer 1 Buchstabe a: Durchfahrt frei an beiden Seiten

Nachtbezeichnung	Bil d	Tagbezeichnung
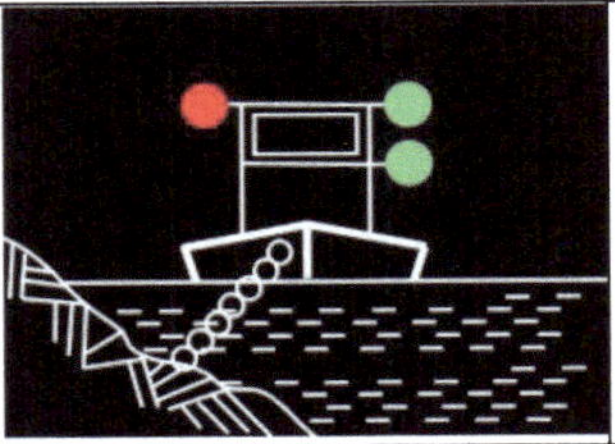	50a	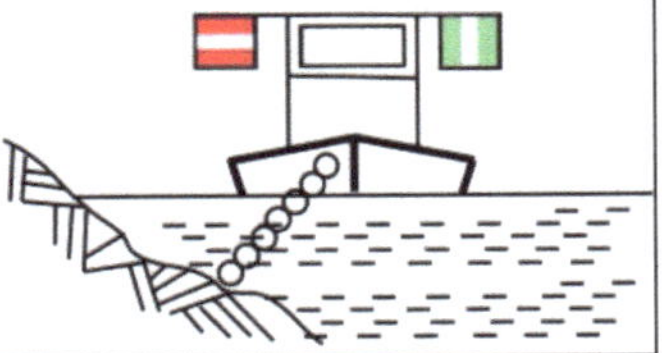
	50b	

§ 3.25 Schwimmende Geräte bei der Arbeit sowie festgefahrene oder gesunkene Fahrzeuge Nummer 1 Buchstabe a und b: Durchfahrt frei an einer Seite

Nachtbezeichnung	Bil d	Tagbezeichnung
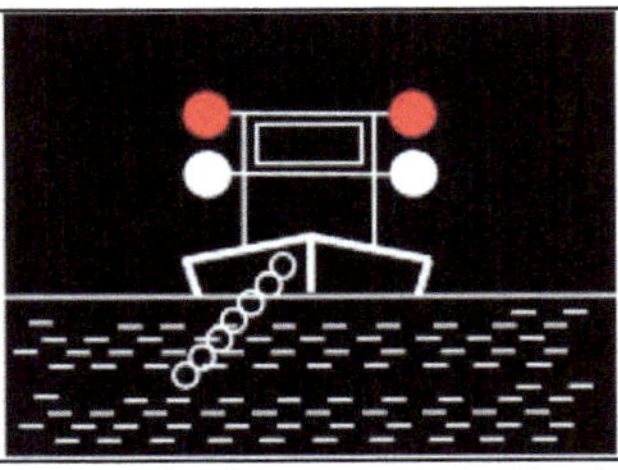	51	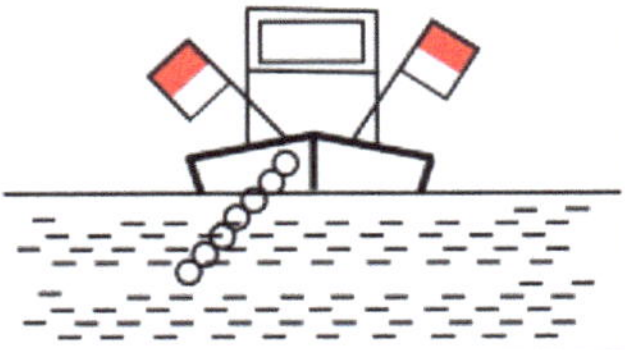

§ 3.25 Schwimmende Geräte bei der Arbeit sowie festgefahrene oder gesunkene Fahrzeuge Nummer 1 Buchstabe c: Schutz gegen Wellenschlag; Durchfahrt frei an beiden Seiten

Nachtbezeichnung	**Bild**	**Tagbezeichnung**
	52	

§ 3.25 Schwimmende Geräte bei der Arbeit sowie festgefahrene oder gesunkene Fahrzeuge Nummer 2: Festgefahrene oder gesunkene Fahrzeuge; Durchfahrt frei an einer Seite

Nachtbezeichnung	**Bild**	**Tagbezeichnung**
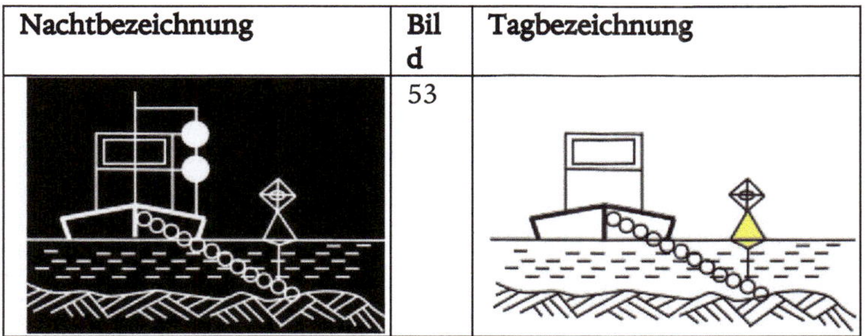	53	

§ 3.26 Fahrzeuge und Schwimmkörper, deren Anker die Schifffahrt gefährden können Nummer 1 und 3: Fahrzeuge und Anker

Nachtbezeichnung	Bild	Tagbezeichnung
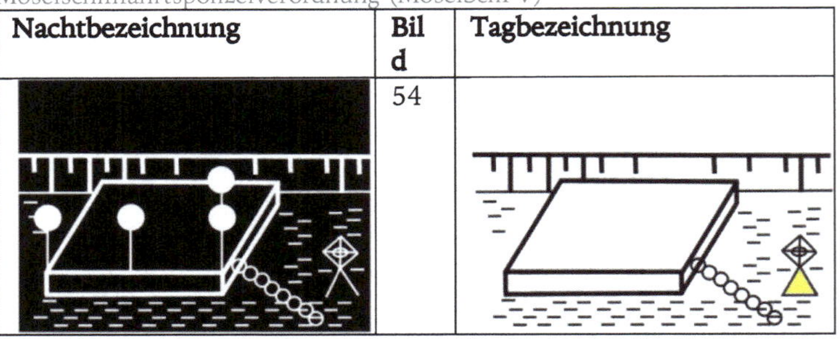	54	

§ 3.26 Fahrzeuge, Schwimmkörper und schwimmende Anlagen, deren Anker die Schifffahrt gefährden können Nummer 2 und 3: Schwimmkörper, schwimmende Anlagen und deren Anker

Nachtbezeichnung	Bild	Tagbezeichnung
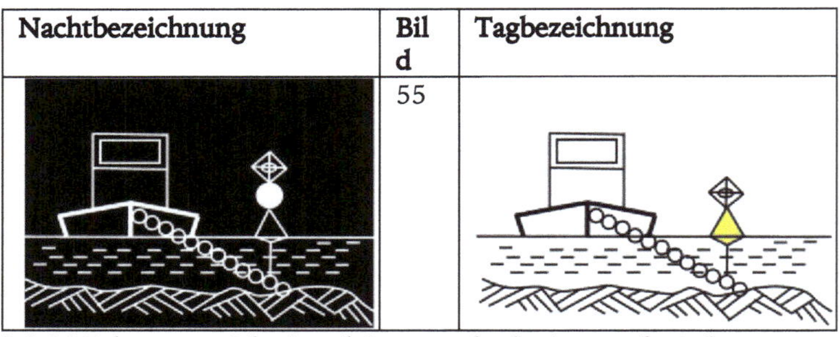	55	

§ 3.26 Fahrzeuge, Schwimmkörper und schwimmende Anlagen, deren Anker die Schifffahrt gefährden können Nummer 4: Anker schwimmender Geräte

Nachtbezeichnung	Bild	Tagbezeichnung
	56	

§ 3.27 Fahrzeuge der Überwachungsbehörden

Nachtbezeichnung	Bild	Tagbezeichnung
	57	

§ 3.28 Fahrzeuge, die Arbeiten in der Wasserstraße ausführen

Nachtbezeichnung	Bild	Tagbezeichnung
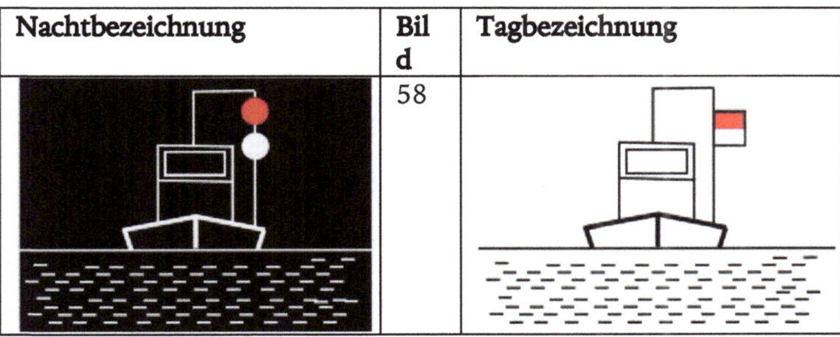	58	

§ 3.29 Schutz gegen Wellenschlag

Nachtbezeichnung	Bild	Tagbezeichnung
	59	

§ 3.30 Notzeichen

Nachtbezeichnung	Bild	Tagbezeichnung
	60	

§ 3.31 Verbot, das Fahrzeug zu betreten

Nachtbezeichnung	Bild	Tagbezeichnung
	61	

§ 3.32 Hinweis auf das Verbot zu rauchen, ungeschütztes Licht oder Feuer zu verwenden

Nachtbezeichnung	Bild	Tagbezeichnung
P 25	62	P 25

§ 3.33 Verbot des Stillliegens nebeneinander § 11.07 Nummer 8 Buchstabe a Sorgfaltspflicht beim Bunkern von Flüssigerdgas (LNG)

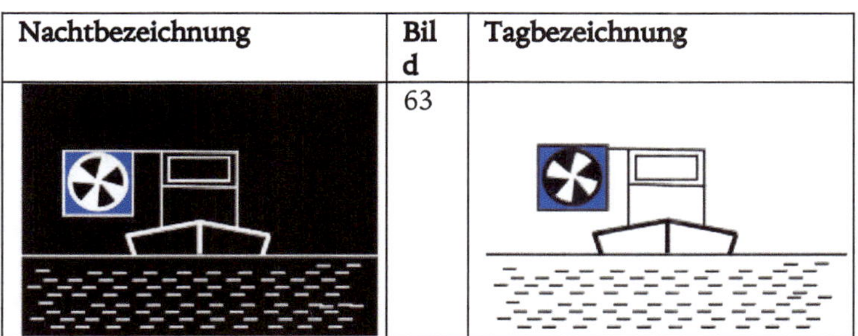

Nachtbezeichnung	Bild	Tagbezeichnung
	63	

§ 6.04 Begegnen Nummer 3: Begegnen an der Steuerbordseite

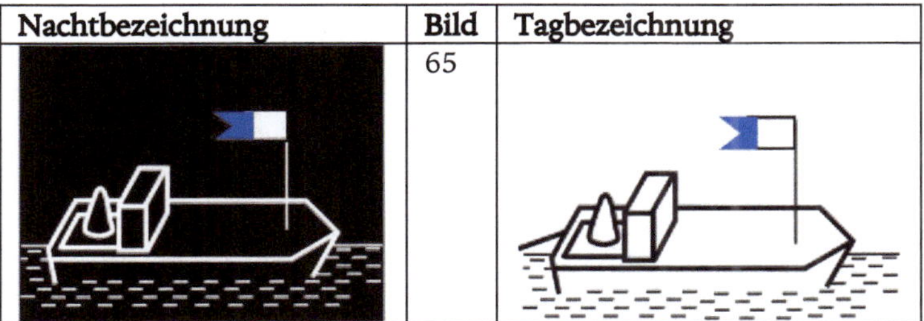

Nachtbezeichnung	Bild	Tagbezeichnung
	65	

§ 3.34 Zusätzliche Bezeichnung der Fahrzeuge beim Einsatz von Tauchern

Nachtbezeichnung	Bild	Tagbezeichnung
LNG	66	LNG

§ 2.06 Kennzeichnung der Fahrzeuge, die Flüssigerdgas (LNG) als Brennstoff nutzen

Anlage 4 (ohne Inhalt)

Anlage 5 (ohne Inhalt)

Anlage 6 Schallzeichen

Vorbemerkung: Die Schallzeichen, ausgenommen die Glockenschläge und das Dreitonzeichen ("drei ohne Unterbrechung aufeinanderfolgende Töne von verschiedener Höhe"), bestehen in der Abgabe eines Tones oder mehrere Töne hintereinander mit folgenden Merkmalen:

kurzer Ton: ein Ton von etwa einer Sekunde Dauer;

langer Ton: ein Ton von etwa vier Sekunden Dauer.

Die Pause zwischen zwei aufeinanderfolgenden Tönen beträgt etwa eine Sekunde. Jedoch besteht das Zeichen "Folge von sehr kurzen Tönen" aus einer Folge von mindestens sechs Tönen je von etwa einer Viertelsekunde Dauer, wobei die Pause zwischen den Tönen ebenso lang ist.

Eine Gruppe von Glockenschlägen muss etwa vier Sekunden dauern. Sie kann durch Schläge von Metall auf Metall gleicher Dauer ersetzt werden.

A. Allgemeine Zeichen

▬▬	1 langer Ton	"Achtung"	
■	1 kurzer Ton	"Ich richte meinen Kurs nach Steuerbord"	
■ ■	2 kurze Töne	"Ich richte meinen Kurs nach Backbord"	
■ ■ ■	3 kurze Töne	"Meine Maschine geht rückwärts"	
■ ■ ■ ■	4 kurze Töne	"Ich bin manövrierunfähi g"	

■■■■■■■■-------	Folge sehr kurzer Töne	"Gefahr eines Zusammenstoßes"	
▬▬ ▬▬ ----	Wiederholte lange Töne		
	oder	"Notsignal"	§ 4.04 Nummer 1
🔔····🔔 🔔····🔔 🔔····	Gruppen von Glockenschlägen		

B. Begegnungszeichen

Vorbeifahrt an Steuerbord verlangt

Normalfall:	■	1 kurzer Ton des Bergfahrers	"Ich will an Backbord vorbeifahren"	§ 6.04 Nummer 4
Normalfall:	■	1 kurzer Ton des Talfahrers	"Einverstanden, fahren Sie an Backbord vorbei"	§ 6.04 Nummer 5
Abweichung:	■■	2 kurze Töne des Talfahrers	"Nicht einverstanden, fahren Sie an Steuerbord vorbei"	§ 6.05 Nummer 2
Abweichung:	■■	2 kurze Töne des Bergfahrers	"Einverstanden, ich werde an Steuerbord vorbeifahren"	§ 6.05 Nummer 3

Vorbeifahrt an Backbord verlangt

Normalfall:	■■	2 kurze Töne des Bergfahrers	"Ich will an Steuerbord vorbeifahren"	§ 6.04 Nummer 4
Normalfall:	■■	2 kurze Töne des Talfahrers	"Einverstanden, fahren Sie an Steuerbord vorbei"	§ 6.04 Nummer 4
Abweichung:	■	1 kurzer Ton des Talfahrers	"Nicht einverstanden, fahren Sie an Backbord vorbei"	§ 6.04 Nummer 2
Abweichung:	■	1 kurzer Ton des Bergfahrers	"Einverstanden, ich werde an Backbord vorbeifahren"	§ 6.05 Nummer 3

C. Überholzeichen

Überholen an Backbord des Vorausfahrenden verlangt

	▬▬ ▬▬ ■ ■	2 lange Töne 2 kurze Töne des Überholenden	"Ich will auf Ihrer Backbordseite überholen"	§ 6.10 Numm er 2
Normalfall:		Kein Zeichen des Vorausfahrend en	"Einverstande n, Sie können auf meiner Backbordseite überholen"	§ 6.10 Numm er 3

Abweichung:	▬ ▬	2 kurze Töne des Vorausfahrend en	"Nicht einverstanden , überholen Sie auf meiner Steuerbordsei te"	§ 6.10 Numm er 4
	▬	1 kurzer Ton des Überholenden	"Einverstande n, ich werde auf Ihrer Steuerbordsei te überholen"	§ 6.10 Numm er 4

Überholen an Steuerbord des Vorausfahrenden verlangt

Normalfall:	▬▬ ▬▬ ▬	2 lange Töne 1 kurzer Ton des Überholende n	"Ich will auf Ihrer Steuerbords eite überholen"	§ 6.10 Numm er 2
		kein Schallzeichen des Vorausfahren den	"Einverstand en, Sie können auf meiner Steuerbords eite überholen"	§ 6.10 Numm er 3
Abweichung:	▬	1 kurzer Ton des Vorausfahren den	"Nicht einverstande n, überholen Sie auf meiner Backbordseit e"	§ 6.10 Numm er 4

	■ ■	2 kurze Töne des Überholenden	"Einverstanden, ich werde auf Ihrer Backbordseite überholen"	§ 6.10 Nummer 4

Unmöglichkeit des Überholens

■ ■ ■ ■ ■	5 kurze Töne des Vorausfahrenden	"Man kann mich nicht überholen"	§ 6.10 Nummer 5

D. Wendezeichen

▬ ■	1 langer Ton, 1 kurzer Ton	"Ich wende über Steuerbord"	§ 6.13 Nummer 2, § 6.16 Nummer 2
▬ ■ ■	1 langer Ton, 2 kurze Töne	"Ich wende über Backbord"	§ 6.13 Nummer 2, § 6.16 Nummer 2

E. Zeichen bei der Einfahrt und der Ausfahrt und Häfen und Nebenwasserstraßen

▬ ▬ ▬ ■	3 lange Töne, 1 kurzer Ton	"Ich will meinen Kurs nach Steuerbord richten"	§ 6.16 Nummer 2

	3 lange Töne, 2 kurze Töne	"Ich will meinen Kurs nach Backbord richten"	§ 6.16 Nummer 2
	3 lange Töne	"Ich will überqueren"	§ 6.16 Nummer 2

F. (ohne Inhalt)

G. Zeichen bei unsichtigem Wetter

a. Einzeln fahrende Fahrzeuge und Verbände, die kein Radar benutzen

	1 langer Ton, längstens jede Minute wiederholt	§ 6.33 Buchstabe b

b. Fahrzeuge in der Radarfahrt, wenn kein Sprechfunkkontakt zustande kommt

	1 langer Ton, wiederholt	§ 6.32 Nummer 2 Buchstabe d

c. Stillliegende Fahrzeuge

	1 Gruppe von Glockenschlägen, längstens jede Minute wiederholt	§ 6.31 Nummer 2

Anlage 7 Schifffahrtszeichen

Vorbemerkung:

1. Die Zeichen in Abschnitt I können, wie in Abschnitt II angegeben, ergänzt oder erläutert werden.

2. Die Tafeln können, um besser erkennbar zu sein, mit einem schmalen weißen Streifen eingefasst werden.

Abschnitt I – Hauptzeichen

A. Verbotszeichen

A.1

Verbot der Durchfahrt (allgemeines Zeichen); § 3.25 Nummer 1 Buchstabe b, § 6.08 Nummer 2, § 6.16 Nummer 4, § 6.22 Nummer 1, § 6.22a, § 6.25 Nummer 1, § 6.27 Nummer 1, § 6.28a Nummer 3, § 9.02 Nummer 5 und 6 und § 10.01 Nummer 4 Buchstabe c

entweder Tafeln

oder rote Lichter

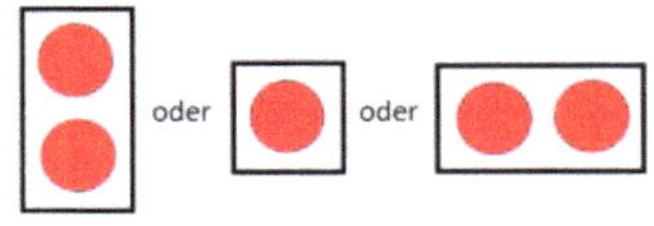

oder rote Flaggen

Werden zwei Lichter oder zwei Flaggen übereinander gezeigt, bedeutet dies ein langdauerndes Verbot.

A.1a

Gesperrte Wasserflächen; jedoch für Kleinfahrzeuge ohne Antriebsmaschine befahrbar (§ 6.22 Nummer 2 Buchstabe a)

A.2

Überholverbot, allgemein (§ 6.11)

A.3

Überholverbot für Verbände untereinander. Dies gilt nicht, wenn einer der Verbände ein Schubverband ist, dessen Länge 110,00 m und dessen Breite 12,00 m nicht überschreitet. (§ 6.11)

A.4

Verbot des Begegnens und Überholverbot (§ 6.08 Nummer 1)

A.5

Stillliegeverbot auf der Seite der Wasserstraße, auf der das Tafelzeichen steht (§ 7.02 Nummer 1 Buchstabe c)

A.5.1

Stillliegeverbot auf der Wasserfläche, deren Breite, gemessen vom Aufstellungsort, auf dem Tafelzeichen in Metern angegeben ist (§ 7.02 Nummer 1 Buchstabe l)

A.6

Ankerverbot und Verbot des Schleifenlassens von Ankern, Trossen oder Ketten auf der Seite der Wasserstraße, auf der das Tafelzeichen steht (§ 6.18 Nummer 2 und § 7.03 Nummer 1 Buchstabe b)

A.7

Festmacheverbot am Ufer auf der Seite der Wasserstraße auf der das Tafelzeichen steht (§ 7.04 Nummer 1 Buchstabe b)

A.8

Wendeverbot (§ 6.13 Nummer 4)

A.9

Vermeidung von Wellenschlag (§ 6.20 Nummer 1 Buchstabe e und § 15.07 Nummer 8 Buchstabe b)

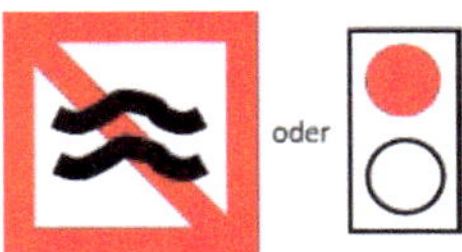

A.10

Verbot, außerhalb der angezeigten Begrenzung zu fahren (§ 6.24 Nummer 2 Buchstabe a)

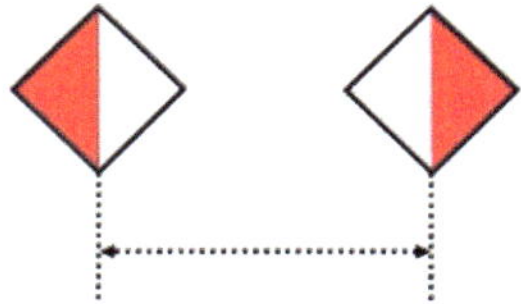

A.11

Verbot der Einfahrt; die Vorbereitungen zur Fortsetzung der Fahrt sind jedoch zu treffen (§ 6.28a Nummer 1 Buchstabe c)

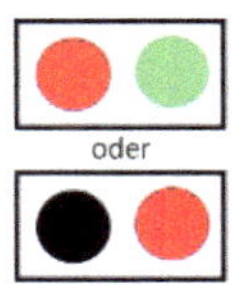

Dieses rote Licht ist erloschen.

A.12

Fahrverbot für Fahrzeuge mit Maschinenantrieb (§ 6.22 Nummer 2 Buchstabe b)

A.13 (ohne Inhalt)

A.14

Verbot des Wasserskilaufens

A.15

Fahrverbot für Segelfahrzeuge

A.16

Fahrverbot für Fahrzeuge, die weder mit Maschinenantrieb noch unter Segel fahren

A.17

Verbot des Segelsurfens

A.18

Fahrverbot für Wassermotorräder (Wasserscooter, Jetski usw.)

B. Gebotszeichen

B.1

Gebot, die durch den Pfeil angezeigte Richtung einzuschlagen (§ 6.12)

B.2

a. Gebot, auf die Fahrrinnenseite hinüberzufahren, die auf der Backbordseite des Fahrzeugs liegt (§ 6.12)

b. Gebot, auf die Fahrrinnenseite hinüberzufahren, die auf der Steuerbordseite des Fahrzeugs liegt (§ 6.12)

B.3

a. Gebot, die Fahrrinnenseite zu halten, die auf der Backbordseite des Fahrzeugs liegt (§ 6.12)

b. Gebot, die Fahrrinnenseite zu halten, die auf der Steuerbordseite des Fahrzeugs liegt (§ 6.12)

B.4

a. Gebot, die Fahrrinne nach Backbord zu kreuzen (§ 6.12)

b. Gebot, die Fahrrinne nach Steuerbord zu kreuzen (§ 6.12)

B.5

Gebot, unter bestimmten Voraussetzungen anzuhalten (§ 6.28 Nummer 1)

B.6

Gebot, die angegebene Geschwindigkeit (in km/Std.) nicht zu überschreiten

B.7

Gebot, Schallsignal zu geben

B.8

Gebot, besondere Vorsicht walten zu lassen (§ 6.08 Nummer 2)

B.9

a. Gebot, nur dann in die Hauptwasserstraße einzufahren oder sie zu überqueren, wenn dadurch die Fahrzeuge auf der Hauptwasserstraße nicht gezwungen werden, ihren Kurs oder ihre Geschwindigkeit zu ändern (§ 6.16 Nummer 3)

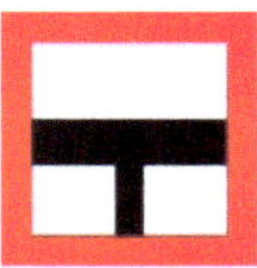

b. wie vor

B.10

(ohne Inhalt)

B.11

a. Gebot, Sprechfunk zu benutzen (§ 4.05 Nummer 5)

b. Gebot, Sprechfunk auf dem angegebenen Kanal zu benutzen (§ 4.05 Nummer 5) Beispiel: Kanal 11

B.12

Gebot zur Nutzung von Landstromanschlüssen (§ 7.06 Nummer 3)

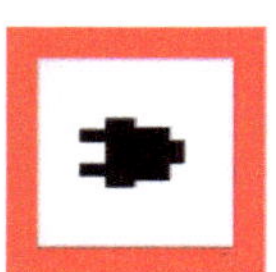

C. Zeichen für Einschränkungen

C.1

Die Fahrwassertiefe ist begrenzt

C.2

Die lichte Höhe über dem Wasserspiegel ist begrenzt

C.3

Die Breite der Durchfahrtsöffnung oder der Fahrrinne ist begrenzt

C.4

Es bestehen Schifffahrtsbeschränkungen; sie sind auf einer zusätzlichen Tafel unter dem Schifffahrtszeichen angegeben

C.5

Die Fahrrinne ist am rechten (linken) Ufer eingeengt; die Zahl auf dem Zeichen gibt den Abstand in Metern an, in dem sich die Fahrzeuge vom Tafelzeichen entfernt halten sollen

D. Empfehlende Zeichen

D.1

Empfohlene Durchfahrtsöffnung

für Verkehr in beiden Richtungen (§ 6.25 Nummer 2 Buchstabe a)

für Verkehr nur in der Richtung, in der die Zeichen sichtbar sind (in der anderen Richtung untersagt) (§ 6.25 Nummer 2 Buchstabe b)

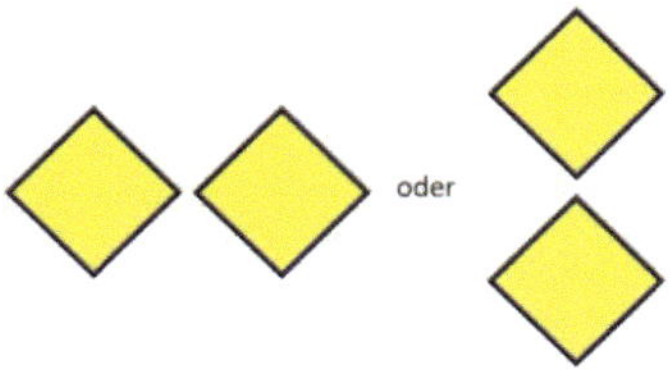

D.2

Empfehlung, sich in dem durch die Tafeln begrenzten Raum zu halten (§ 6.24 Nummer 2 Buchstabe b)

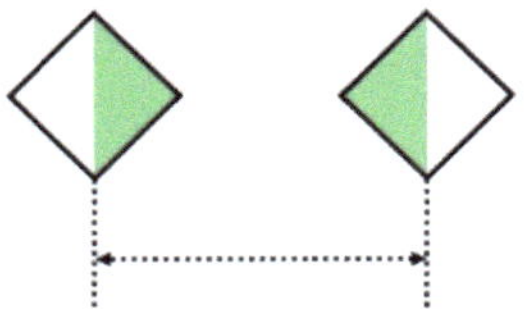

D.3

Empfehlung,

in die Richtung des Pfeils zu fahren;

in der Richtung vom festen Licht zum Gleichtaktlicht zu fahren

E. Hinweiszeichen

E.1

Erlaubnis zur Durchfahrt (allgemeine Zeichen) (§ 3.25 Nummer 1 Buchstabe a, § 6.08 Nummer 2, § 6.27 Nummer 2 und § 6.28a)

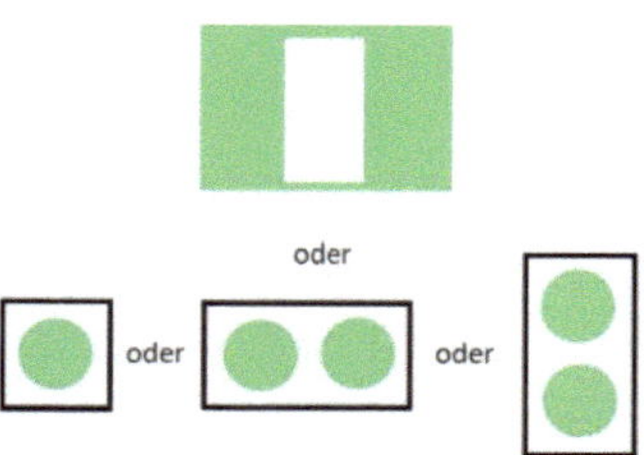

E.2

Kreuzung einer Hochspannungsleitung

E.3

Wehr

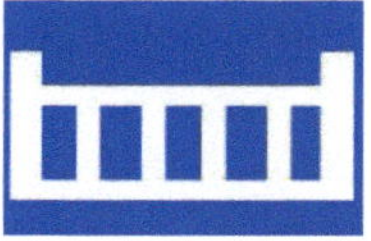

E.4a

Nicht frei fahrende Fähre

E.4b

Frei fahrende Fähre

E.5

Erlaubnis zum Stillliegen auf der Seite der Wasserstraße, auf der das Zeichen steht (§ 7.05 Nummer 1)

E.5.1

Erlaubnis zum Stillliegen auf der Wasserfläche, deren Breite, gemessen vom Aufstellungsort, auf dem Tafelzeichen in Metern angegeben ist (§ 7.05 Nummer 2)

E.5.2

Erlaubnis zum Stillliegen auf der Wasserfläche zwischen den zwei Entfernungen, die, gemessen vom Aufstellungsort, auf dem Tafelzeichen in Metern angegeben sind (§ 7.05 Nummer 3)

E.5.3

Höchstzahl der Fahrzeuge, die auf der Seite der Wasserstraße, auf der das Tafelzeichen steht, nebeneinander stillliegen dürfen (§ 7.05 Nummer 4)

E.5.4

Liegestelle für Fahrzeuge der Schubschifffahrt, die nicht die Zeichen nach § 3.14 führen müssen (§ 7.06 Nummer 1)

E.5.5

Liegestelle für Fahrzeuge der Schubschifjfahrt, die die Zeichen nach § 3.14 Nummer 1 führen müssen (§ 7.06 Nummer 1)

E.5.6

Liegestelle für Fahrzeuge der Schubschifffahrt, die die Zeichen nach § 3.14 Nummer 2 führen müssen (§ 7.06 Nummer 1)

E.5.7

Liegestelle für Fahrzeuge der Schubschifffahrt, die die Zeichen nach § 3.14 Nummer 3 führen müssen (§ 7.06 Nummer 1)

E.5.8

Liegestelle für andere Fahrzeuge als Fahrzeuge der Schubschifffahrt, die nicht die Zeichen nach § 3.14 führen müssen (§ 7.06 Nummer 1)

E.5.9

Liegestelle für andere Fahrzeuge als Fahrzeuge der Schubschifffahrt, die die Zeichen nach § 3.14 Nummer 1 führen müssen (§ 7.06 Nummer 1)

E.5.10

Liegestelle für andere Fahrzeuge als Fahrzeuge der Schubschifffahrt, die die Zeichen nach § 3.14 Nummer 2 führen müssen (§ 7.06 Nummer 1)

E.5.11

Liegestelle für andere Fahrzeuge als Fahrzeuge der Schubschifffahrt, die die Zeichen nach § 3.14 Nummer 3 führen müssen (§ 7.06 Nummer 1)

E.5.12

Liegestelle für alle Fahrzeuge, die kein Zeichen nach § 3.14 führen müssen (§ 7.06 Nummer 1)

E.5.13

Liegestelle für alle Fahrzeuge, die die Zeichen nach § 3.14 Nummer 1 führen müssen (§ 7.06 Nummer 1)

E.5.14

Liegestelle für alle Fahrzeuge, die die Zeichen nach § 3.14 Nummer 2 führen müssen (§ 7.06 Nummer 1)

E.5.15

Liegestelle für alle Fahrzeuge, die die Zeichen nach § 3.14 Nummer 3 führen müssen (§ 7.06 Nummer 1)

E.6

Erlaubnis zum Ankern auf der Seite der Wasserstraße, auf der das Tafelzeichen steht (§ 7.03 Nummer 2)

E.7

Erlaubnis zum Festmachen am Ufer auf der Seite der Wasserstraße, auf der das Tafelzeichen steht (§ 7.04 Nummer 2)

E.7.1

Erlaubnis zum Festmachen am Ufer für das sofortige Ein- oder Ausladen eines Kraftwagens (§ 7.04 Nummer 2)

E.8

Hinweis auf eine Wendestelle (§§ 6.13 und 7.02 Nummer 1 Buchstabe i)

E.9

a. Einmündende Wasserstraßen gelten als Nebenwasserstraßen (§ 6.16 Nummer 1)

b. wie vor

c. wie vor

E.10

a. Die benutzte Wasserstraße gilt als Nebenwasserstraße der einmündenden (§ 6.16 Nummer 1)

b. wie vor

E.11

Ende des Verbots oder eines Gebots, das nur in einer Verkehrsrichtung gilt, oder Ende einer Einschränkung

E.12

(ohne Inhalt)

E.13

Trinkwasserzapfstelle

E.14

Fernsprechstelle

E.15 (ohne Inhalt)

E.16 (ohne Inhalt)

E.17

Wasserskistrecke

E.18

Fahrerlaubnis für Segelfahrzeuge

E.19

Fahrerlaubnis für Fahrzeuge, die weder mit Maschinenantrieb noch unter Segel fahren

E.20

Erlaubnis zum Segelsurfen

E.21

Nautischer Informationsfunk
Beispiel: Kanal 18

E.22

Fahrerlaubnis für Wassermotorräder (Waterscooter, Jetski usw.)

E.23 Hochwassermarken (§ 10.01)

Die Marken sind in heller Farbe auf dunklem Untergrund oder in dunkler Farbe auf hellem Untergrund angebracht.

Marke I

Bezugswasserstand

Marke II

Bezugswasserstand

Marke III

Bezugswasserstand

E.24 (ohne Inhalt)

E.25

Landstromanschluss vorhanden

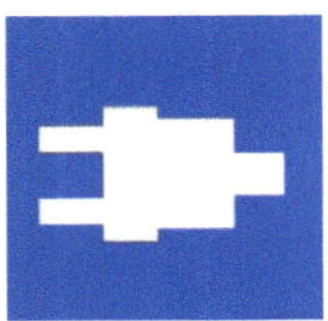

Abschnitt II – Zusätzliche Tafeln, Schilder, Pfeile oder Aufschriften

Die Hauptzeichen in Abschnitt I können durch zusätzliche Tafeln, Schilder, Pfeile oder Aufschriften ergänzt werden.

1. Schilder, die die Entfernung angeben, in der die durch das Hauptzeichen angezeigte Bestimmung oder Besonderheit zu beachten ist.

Die Schilder werden über den Hauptzeichen angebracht.

Beispiele:

Gebot nach 1.000 m 12 km/h nicht zu überschreiten

Nicht frei fahrende Fähre in 1.500 m

2. Pfeile, die angeben, in welcher Richtung der Strecke das Hauptzeichen gilt.

Beispiele:

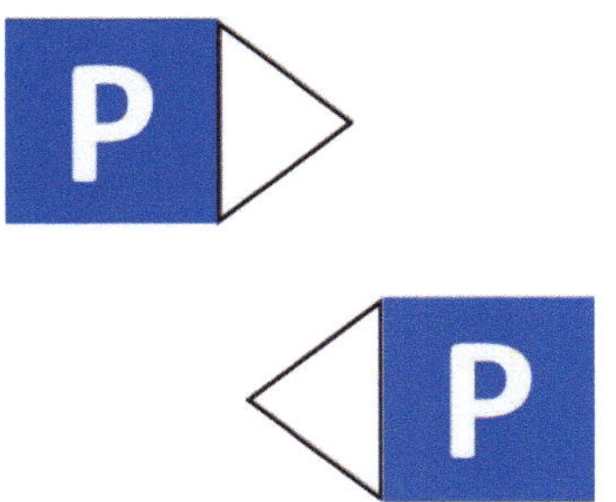

a. <--- Erlaubnis zum Stillliegen--->

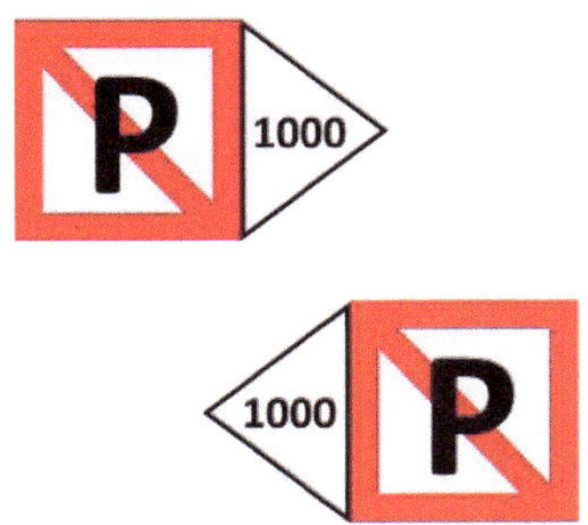

b. <--- Liegeverbot (auf 1.000 m)--->

c. Verbot der Einfahrt in einen Hafen oder eine Nebenwasserstraße, die in der angezeigten Richtung liegen: rotes Licht A.1 und leuchtender Pfeil (§ 6.16 Nummer 4)

3. Schilder, die ergänzende Erklärungen oder Hinweise geben. Die Schilder werden unter dem Hauptzeichen angebracht.

Beispiele:

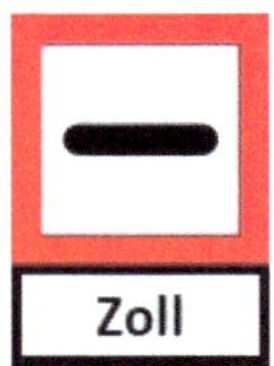

Anhalten: Zoll

Achtung: Fähre

Einen langen Ton geben

Reede (§ 14.01 Nummer 1)

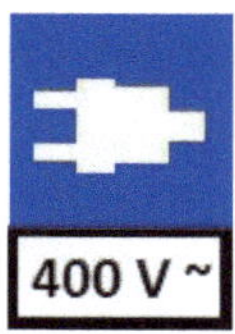

Anschluss für 400 V ~ vorhanden

Anlage 8 Bezeichnung der Wasserstraße

I. Allgemeines

1. Schifffahrtszeichen

Schifffahrtszeichen zur Bezeichnung der Wasserstraße, der Fahrrinne und von gefährlichen Stellen und Hindernissen werden auf dem Rhein nicht durchgehend gesetzt.

Schwimmende Schifffahrtszeichen werden etwa 5,00 m außerhalb der durch sie bezeichneten Begrenzungen verankert.

Buhnen und Parallelwerke können durch schwimmende oder feste Schifffahrtszeichen bezeichnet sein. Diese sind im allgemeinen vor oder auf den Buhnenköpfen und Parallelwerken angebracht.

Von den Zeichen muss ein ausreichender Abstand gehalten werden, da sonst Gefahr besteht, zu raken oder aufzulaufen.

2. Begriffe

Fahrrinne: Teil der Wasserstraße, in dem für die durchgehende Schifffahrt bestimmte Breiten und Tiefen vorhanden sind, deren Erhaltung angestrebt wird.

Fahrwasser: Teil der Wasserstraße, der den örtlichen Umständen nach von der durchgehenden Schifffahrt benutzt wird.

Rechte Seite/linke Seite: Die Bezeichnung "rechte Seite" und "linke Seite" der Wasserstraße/der Fahrrinne bezieht sich auf die Richtung "Talfahrt".

Feuer: Licht mit Kennung, das der Befeuerung dient.

Festfeuer: Ununterbrochene Lichterscheinung von gleichbleibender Stärke und Farbe.

Taktfeuer: Unterbrochene Lichterscheinung von gleichbleibender Stärke und Farbe. Es werden verwendet ununterbrochenes Feuer mit Einzelunterbrechung

oder mit Gruppen von Unterbrechungen Beispiel: 2 Unterbrechungen

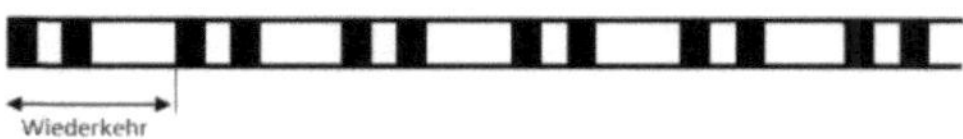

Gleichtaktfeuer

Funkelfeuer

II. Bezeichnung der Fahrrinne

1. Rechte Seite

Farbe: rot Form: Stumpftonne (auch Leuchttonne), Schwimmstange Toppzeichen (wenn vorhanden): roter Zylinder Feuer (wenn vorhanden): rotes Taktfeuer (in der Regel mit Radarreflektor)

2. Linke Seite

Farbe: grün Form: Spitztonne (auch Leuchttonne), Schwimmstange Toppzeichen (wenn vorhanden): grüner Kegel - Spitze oben - Feuer (wenn vorhanden): grünes Taktfeuer (in der Regel mit Radarreflektor)

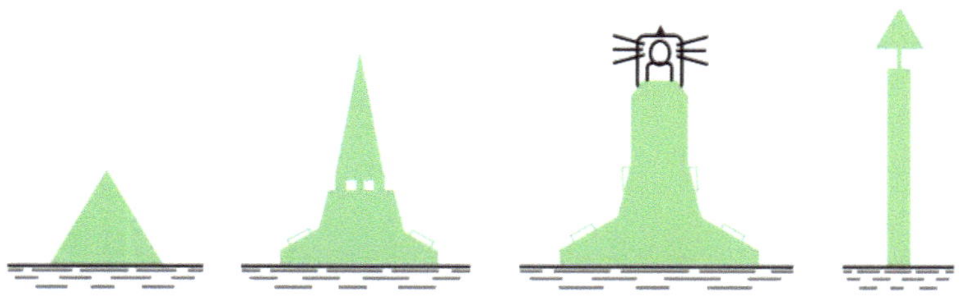

3. Spaltung

Farbe: rot-grün waagerecht gestreift Form: Kugeltonne (auch Leuchttonne), Schwimmstange Toppzeichen (wenn vorhanden): rot-grün waagerecht gestreifter Ball Feuer (wenn vorhanden): weißes Funkel- oder Gleichtaktfeuer (in der Regel mit Radarreflektor)

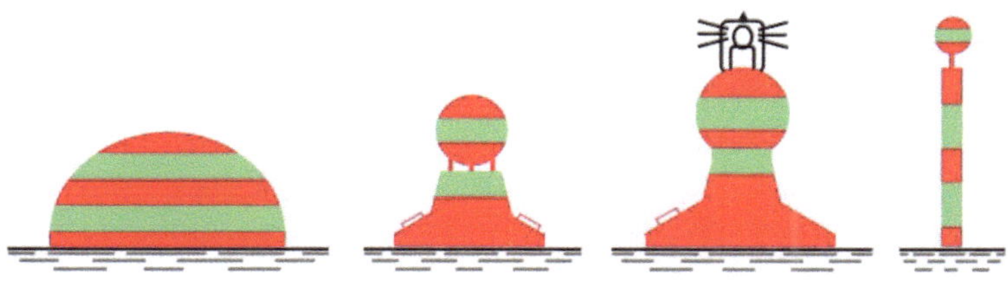

4. Zusammenspiel der Bilder 1 bis 3 (Beispiel)

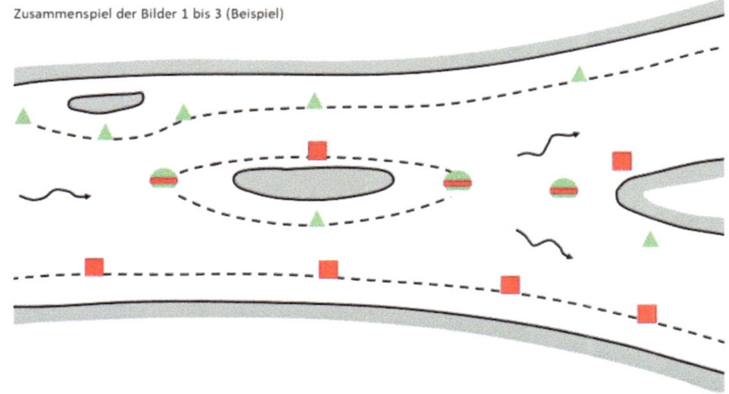

III. Bezeichnung der Wasserstraße sowie von Hindernissen in oder an der Wasserstraße

A. Feste Zeichen

1. Rechte Seite

Farbe: rot Form: Stange mit Toppzeichen Toppzeichen: roter Kegel - Spitze unten - Feuer (wenn vorhanden): rotes Taktfeuer

2. Linke Seite

Farbe: grün Form: Stange mit Toppzeichen Toppzeichen: grüner Kegel - Spitze oben - Feuer (wenn vorhanden): grünes Taktfeuer

3. Spaltung

Farbe: rot-grün Form: Stange mit Toppzeichen Toppzeichen: roter Kegel - Spitze unten - über grünem Kegel - Spitze oben - Feuer (wenn vorhanden): weißes Funkel- oder Gleichtaktfeuer

4. Abzweigung, Einmündung, Hafeneinfahrt

Im Bereich von Abzweigungen, Einmündungen und Hafeneinfahrten kann für jede Seite der Wasserstraße die Ufersicherung bis zur Trennspitze durch die unter den Nummern 1 und 2 (Bilder 5 und 6) gezeigten festen Schifffahrtszeichen gekennzeichnet werden. Die Fahrt von der Hafeneinfahrt in den Hafen gilt als Bergfahrt.

B. Schwimmende Zeichen

1. Rechte Seite

Farbe: rot-weiß waagerecht gestreift Form: Spierentonne (auch Leuchttonne), Schwimmstange Toppzeichen: roter Zylinder Feuer (wenn vorhanden): rotes Taktfeuer (in der Regel mit Radarreflektor)

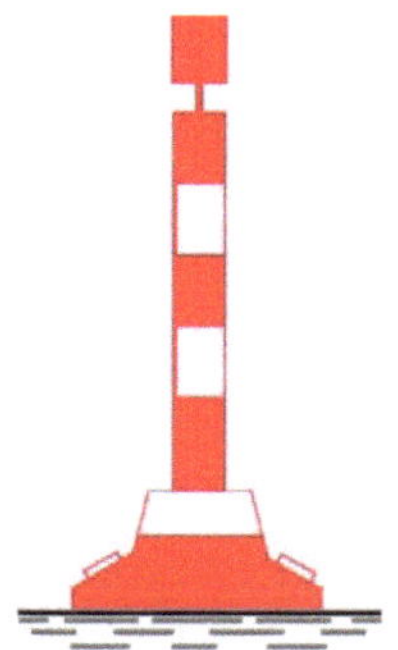

2. Linke Seite

Farbe: grün-weiß gestreift Form: Spierentonne (auch Leuchttonne), Schwimmstange Toppzeichen: grüner Kegel - Spitze oben - Feuer (wenn vorhanden): grünes Taktfeuer (in der Regel mit Radarreflektor)

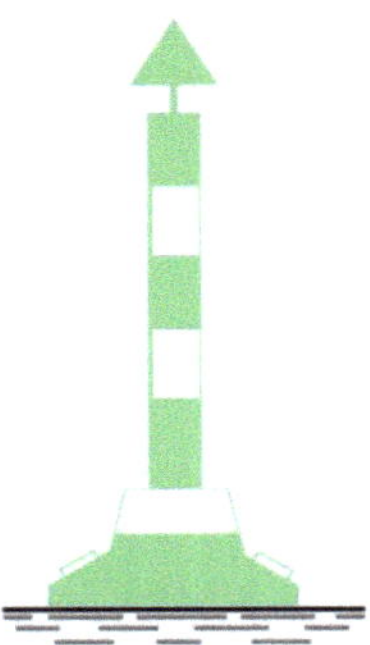

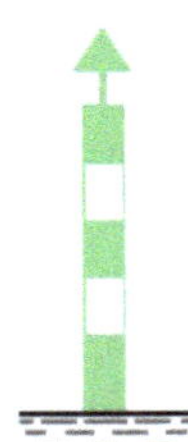

C. Zusammenspiel der Bilder 5 bis 9 im Bereich von Abzweigungen, Einmündungen und Hafeneinfahrten

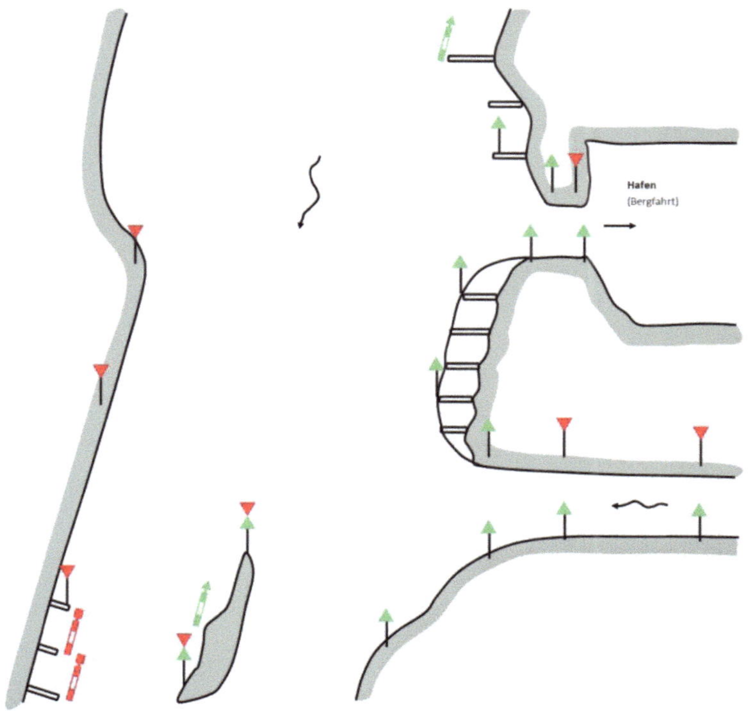

IV. Weitere Möglichkeiten zur Bezeichnung von gefährlichen Stellen und Hindernissen in der Wasserstraße

1. Vorbeifahrt ohne Herabsetzung der Geschwindigkeit auf der freien Seite zugelassen

bei Nacht	**bei Tag**
gesperrte Seite	gesperrte Seite
ein rotes Feuer	oder ein roter Ball Verbotszeichen A.1
freie Seite	freie Seite
zwei grüne Feuer übereinander	oder zwei grüne Doppelkegel übereinander Hinweiszeichen E.1

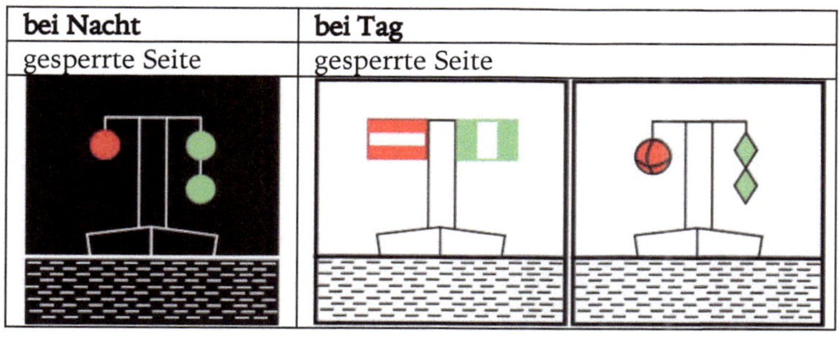

bei Nacht	**bei Tag**
gesperrte Seite	gesperrte Seite

2. Vorbeifahrt nur mit Herabsetzung der Geschwindigkeit auf der freien Seite zugelassen (Wellenschlag vermeiden)

bei Nacht	**bei Tag**
gesperrte Seite	gesperrte Seite
ein rotes Feuer	eine rote Flagge oder Tafel
freie Seite	freie Seite
ein rotes Feuer über einem weißen Feuer	eine rote Flagge oder Tafel über einer weißen Flagge oder Tafel

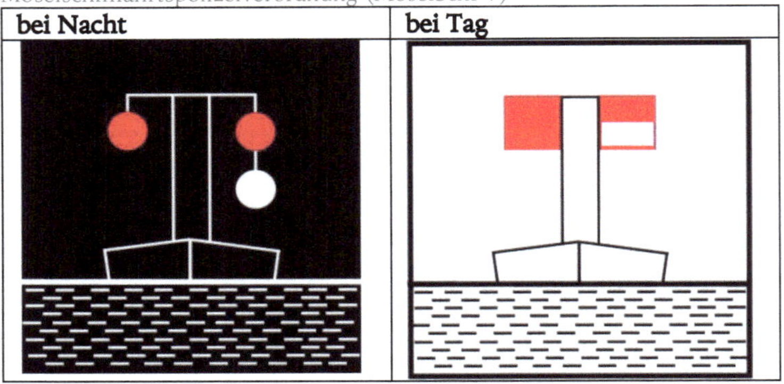

V. Zusätzliche Zeichen für die Radarschifffahrt

A. Bezeichnung von Brückenpfeilern (falls erforderlich)

1. Gelbe Tonnen mit Radarreflektoren (oberhalb und unterhalb der Brückenpfeiler ausgelegt)

2. Stange mit Radarreflektor (oberhalb und unterhalb der Brückenpfeiler)

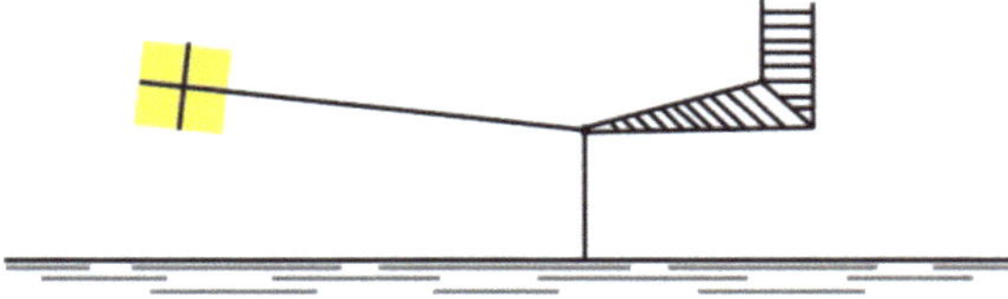

B. Kennzeichnung von Freileitungen (falls erforderlich)

1. Radarreflektoren an Freileitung befestigt (ergeben im Radarbild eine Punktreihe zur Identifizierung der Freileitung)

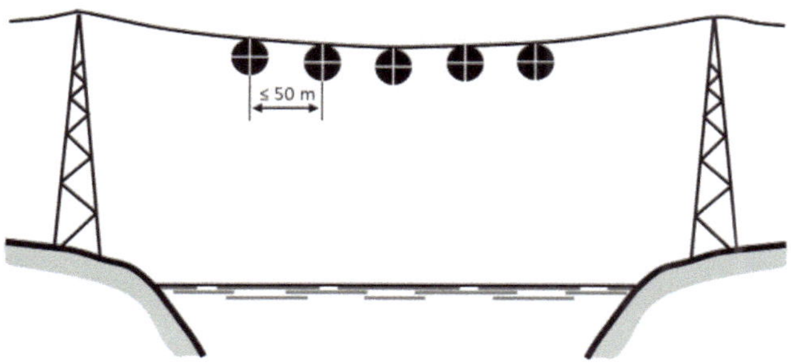

2. Radarreflektoren auf gelben Tonnen an beiden Ufern paarweise ausgelegt (ergeben im Radarbild je zwei nebeneinanderliegende Punkte zur Identifizierung der Freileitung)

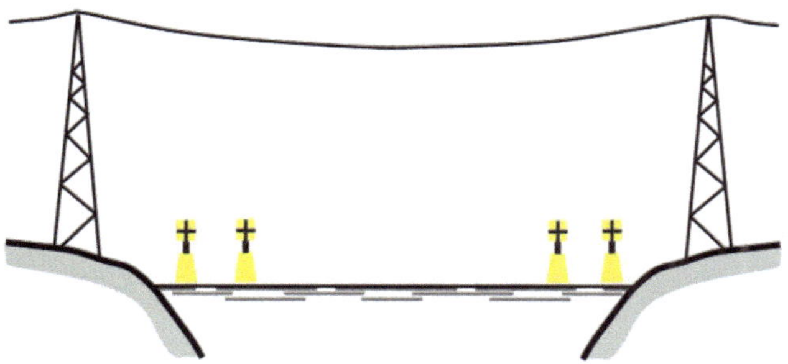

VI. Bezeichnung von besonderen Wasserflächen

Gelbe Tonnen mit oder ohne Radarreflektoren, mit oder ohne Toppzeichen. Als Toppzeichen können insbesondere die Zeichen nach Anlage 7 in Form von Tafeln oder Zylindern verwendet werden.

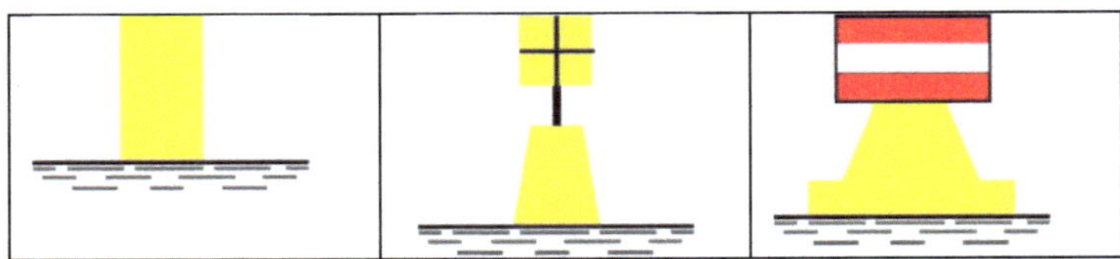

Anlage 9 (ohne Inhalt)

Anlage 10 Muster für das Ölkontrollbuch

www.elwis.de/DE/Schifffahrtsrecht/Binnenschifffahrtsrecht/MoselSchPV/Anlagen/Anlage-10/Oelkontrollbuch.pdf

Anlage 11 Daten, die in das Inland AIS Gerät einzugeben sind: Erläuterungen "Navigationsstatus" und des Bezugspunktes der Positionsinformation auf dem Fahrzeug

1. Navigationsstatus

0	under way using engine	in Fahrt mit Motorkraft
1	at anchor	vor Anker
2	not under command	manövrierunfähig
3	restricted manoeuvrability	manövrierbehindert
4	constrained by her draught	durch Tiefgang beschränkt
5	moored	festgemacht
6	aground	auf Grund
7	engaged in fishing	beim Fischfang
8	under way sailing	in Fahrt unter Segel
9 bis 13	reserved for future uses	in Fahrt unter Segel
14	AIS-SART (active)	AIS-SART (aktiv)
15	Not defined	nicht definiert

2. Bezugspunkt der Positionsinformation auf dem Fahrzeug

Der Schiffsführer muss die Werte für A, B, C, D mit einer Genauigkeit von 1 m eingeben. Das Maß A ist in Richtung des Bugs ausgerichtet.

B. Kennzeichnung von Freileitungen (falls erforderlich)

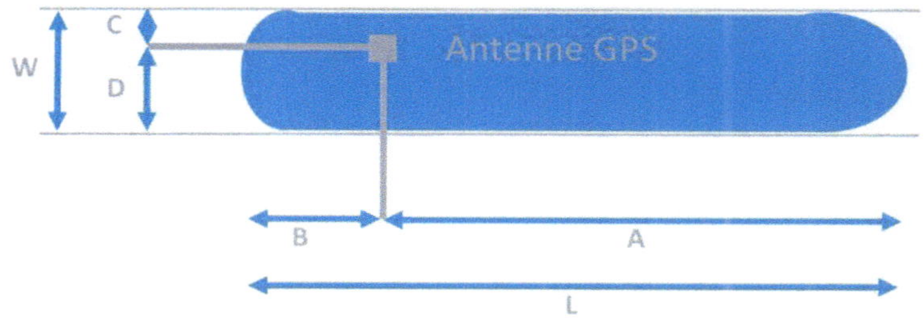

Erläuterungen zu den W, L, A, B, C, D Werten für ein Fahrzeug

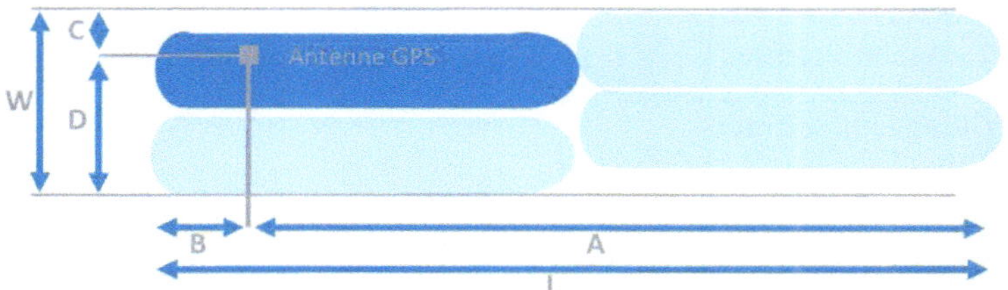

Erläuterungen zu den W, L, A, B, C, D Werten für einen Verband

Anlage 12 Verzeichnis der Fahrzeug- und Verbandsarten

Bezeichnung:

Tankmotorschiff

Gütermotorschiff

Kanalpeniche

Schleppboot

Schubboot

Tankschleppkahn

Güterschleppkahn

Tankschubleichter

Güterschubleichter

Trägerschiffsleichter

Tagesausflugsschiff

Kabinenschiff

Schnelles Schiff

Schwimmendes Gerät

Baustellenfahrzeug

Sportfahrzeug

Schubverband

Gekuppelte Fahrzeuge

Schleppverband

Fahrzeug (Typ unbekannt)

B. Kennzeichnung von Freileitungen (falls erforderlich)